Qiche Zulin

Congye Renyuan Peixun Jiaocheng

汽车租赁
从业人员培训教程

本书编写组 ◎编

人民交通出版社股份有限公司
China Communications Press Co.,Ltd.

内 容 提 要

本书系统讲解了汽车租赁业现状及发展趋势、汽车租赁从业人员职业道德与从业要求、汽车租赁相关法规及标准、汽车租赁服务规范、汽车租赁信息技术应用知识，为汽车租赁业的经营管理者和从业人员提供了全新的管理理念，适合汽车租赁从业人员学习参考。

图书在版编目(CIP)数据

汽车租赁从业人员培训教程／《汽车租赁从业人员培训教程》编写组编. —北京：人民交通出版社股份有限公司，2016.2

ISBN 978-7-114-12809-7

Ⅰ.①汽…　Ⅱ.①汽…　Ⅲ.①汽车—租赁业务—技术培训—教材　Ⅳ.①F721.6

中国版本图书馆 CIP 数据核字(2016)第023375号

Qiche Zulin Congye Renyuan Peixun Jiaocheng

书　　名：**汽车租赁从业人员培训教程**
著 作 者：本书编写组
责任编辑：林宇峰　王金霞
出版发行：人民交通出版社股份有限公司
地　　址：(100011)北京市朝阳区安定门外外馆斜街3号
网　　址：http://www.ccpress.com.cn
销售电话：(010)59757973
总 经 销：人民交通出版社股份有限公司发行部
经　　销：各地新华书店
印　　刷：北京鑫正大印刷有限公司
开　　本：880×1230　1/32
印　　张：4.875
字　　数：79千
版　　次：2016年2月　第1版
印　　次：2016年2月　第1次印刷
书　　号：ISBN 978-7-114-12809-7
印　　数：0001-3000册
定　　价：30.00元
(有印刷、装订质量问题的图书由本公司负责调换)

编 委 会

前言
PREFACE

我国汽车租赁业随着国民经济和互联网的快速发展，正在发生深刻的变革。网络约租、分时租赁、定时包租企业如雨后春笋般遍及全国。一个服务方式新颖、方便、快捷、经济、有巨大发展空间的运用互联网+的崭新现代汽车租赁服务业已展现在国人面前。

传统汽车租赁服务业面临企业规模小、从业人员素质不高、服务水平低，难以适应社会对汽车租赁服务日益增长的需求，同时还面临着激烈竞争引发社会不稳定因素等风险。企业如何适应和运用先进的互联网+的运营技术，在新的环境下如何生存发展，是汽车租赁企业持续发展所面临的新问题。

汽车租赁服务业是一个以科学管理为基础，资金、先进技术汇集的新型行业，它追求的是高科技、高品质、高效率。然而多变的市场环境、低素质的从业人员、低效率的运营方式、高成本的企业管理，使投资者感受到了巨大的压力。同时，国民经济的快速发展，人们出行理念的改变，特别是公车改革和汽车共享经济给行业发展带来了巨大的发展商机。

编者在深入研究我国汽车租赁企业的发展，现代企业管理的思想、管理模式和管理方法的基础上撰写了本书。本着以解决企业实际问题为出发点，运用现代企业经营管理的理念，剖析了汽车租赁企业实际需要的企业经营管理经验、从业人员的综合素质、法律法规知识、经营管理流程、经营机构设置和管理中可能出现的问题，找出原因、提出解决方案，为科学决策提供切实可行的依据。

本书为汽车租赁业的经营管理者和从业人员提供了全新的管理理念，是帮助汽车租赁企业和从业人员，适应社会需求，促进企业发展的工具书。

由于时间仓促及编者水平所限，书中难免有不少疏漏之处，敬请读者批评指正。

编　者

2016 年 1 月 6 日

目录
CONTENTS

第一章 汽车租赁概述

第一节 汽车租赁定义

汽车租赁是汽车消费者通过与汽车租赁经营者之间签订各种形式的汽车租赁付费合同,在约定时间内获得汽车的使用权;汽车租赁经营者通过提供车辆,缴纳各种税费、保险以及提供相关后续维修、配件供应等服务实现投资增值的租赁形式,不包括汽车驾驶服务。在我国,汽车租赁是一个新兴的行业,是跨越租赁业、交通运输业、汽车营销业的一个特殊行业;集融资功能、客运服务功能、资源配置功能、车辆资源管理功能于一体,是汽车产业链中的一个重要组成部分。当前,国内汽车租赁暂被认为是公共交通的组成部分,现在属于交通运输业。

汽车租赁业被称为"朝阳产业",是一种新型交通运输服务业,是满足人民群众个性化出行、商务活动需求和保障重大社会活动的重要交通运输服务形式,是综合运输体系的重要组成部分。随着经济社会的快速发展,人民生活水平的提高，驾驶技能广泛普及，社会公众生活方式和消费习惯逐步改变，近年来汽车租赁业得到了快速发展。

从法律意义上讲，汽车租赁经营者是指具备从事汽车租赁经营条件的企业或者个人；承租人是指与汽车租赁经营者签订租赁合同并获得租赁车辆使用权及租赁服务的自然人、法人和其他组织，租赁汽车是指汽车租赁经营者合法拥有的用于租赁经营的车辆。

汽车租赁业是租赁业的分支，是以汽车为租赁物提供租赁服务的一种行业。租赁是指按照出租人和承租人达成的协议，出租人把拥有的特有财产（包括动产和不动产）在特定时期内的使用权转让给承租人，承租人按照协议的约定支付租金的交易行为。租赁实际上是一种以一定费用借贷实物的经济行为。

按照《国民经济行业分类》（GB/T 4754—2011），租赁业和租赁服务业属于同一门类。其中，租赁业包括机械设备租赁和文化及日用品出租两类。机械设备租赁包括汽车租赁、农业机械租赁、建筑工程机械及设备租赁、计算机及通信设备租赁、其他机械与设备租赁；文化及日用品出租包括娱乐及体育设备出租、图书出租、音像制品出租、其他文化及其用品出租，《国民经济行业分类》对汽车租赁业的划分见图 1-1。

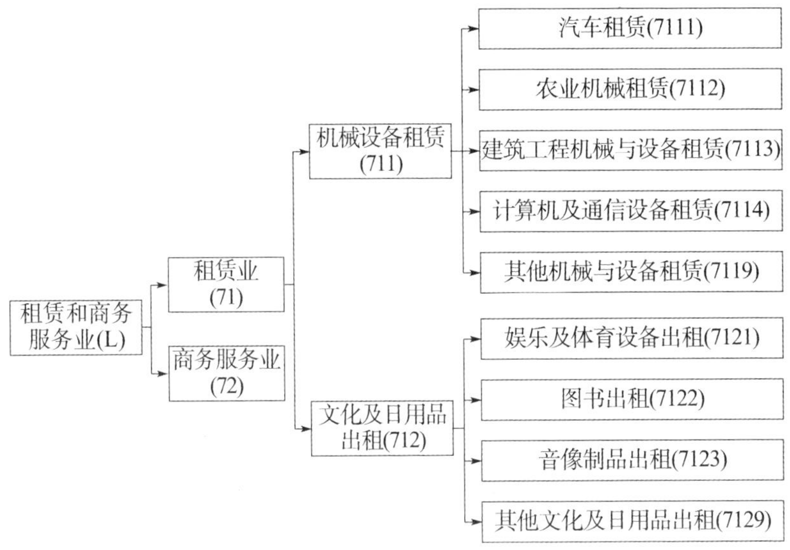

图 1-1　《国民经济行业分类》对汽车租赁业的划分

第二节　汽车租赁分类

从实践情况看,汽车租赁业务可以按不同的标准进行分类,主要有以下几种分类方式。

一、按汽车租赁企业类型划分

目前,租赁企业类型主要有:风投背景企业、国有控股企业、汽车厂商联合外资企业、汽车厂商自营企业、资本入股加盟合作企业以及分布于全国各地的中小型企业。

1. 风投背景企业

国内风投背景企业主要有:神州、一嗨和至尊。特点是:规模大、资金雄厚、发展速度快等特点,在业务上以零租为主,采用连锁经营方式,门店遍及全国主要城市。

2. 国有控股企业

国内国有控股企业主要有:中进、首汽和北汽。特点是:此类企业多为大型国企成员单位,具有较高的可信度。因此,企事业单位、国家机关、外资企业等多选择此类企业合作开展车辆长租业务。

3. 汽车厂商联合外资企业

国内汽车厂商联合外资企业有安吉汽车。特点是:此类企业自身具有厂商优势,外加引进了外商先进经营理念。因此,在具有新车采购、旧车处理优势的同时,又可提供国际化、专业化、标准化、可信赖的全方位汽车服务,能较快与国际租赁业接轨。

4. 汽车厂商自营企业

汽车厂商自营企业有东风日产。特点是:汽车厂商直接经营租赁业务,是对汽车销售专营店服务的补充,对整车销售有帮助,也可以跟售后服务联动,对销售和服务都有拉动作用。同时,客户还能享受原厂维修等特色服务。

5. 资本入股加盟合作企业

资本入股加盟合作企业有国信租赁。特点是:此类企业是集合国内各省市多家具有一定影响力的中小型汽车租赁企业共同出资组成。此类企业的经营范围面向全国,可通过资本入股、加盟、合作等多种形式对行业资源进行整合,业务覆盖范围广,可轻松实现资源共享,合作共赢。

6. 其他类型企业

除以上描述的五类企业之外,还有分布于全国各地的中小型汽车租赁企业。特点是:此类企业具有车辆少、规模小、业务零散等特点。由于部分汽车租赁小企业存在诚信缺失,管理混乱等现象,或多或少影响到了租赁行业的整体形象。

二、按承租人类型划分

目前汽车租赁承租人主要包括个人、企事业单位、政府部门等。个人承租一般多在节假日,主要用于旅游、探亲和婚庆等目的;企事业单位用车一般在商务会议、商务接待等场合,对车辆档次、性能等有一定要求;目前政府部门用车较少。

三、按租赁时间长短划分

按租赁时间长短,汽车租赁可以分为长期汽车租赁和短期汽车租赁两种。

长期汽车租赁是指出租人与承租人签订长期汽车租赁合同，按照租赁期间发生的费用（通常包括车辆折旧、维修、各种税费开支、保险及利息等）扣除预计剩余价值后，按合同月数平均收取租赁费用，并提供汽车税费、保险、维修及配件供应等综合服务的租赁形式。长期汽车租赁通常以月、年为计算单位，时间一般在3个月以上，租赁对象主要是企业，随着经济社会的发展和传统习惯的改变，越来越多的个人也开始喜欢长期租赁汽车。

短期汽车租赁是指出租人与承租人签订短期汽车租赁合同，为承租人提供短时期内的用车服务，收取短租费用的租赁形式。短期租赁通常以小时、天为计时单位，租期一般不超过3个月。短期汽车租赁一般以个人零散租赁为主，主要用于休闲旅游、公务出差等目的。但越来越多的企事业单位，为降低成本而租赁汽车使用，主要用于会议、商务接待等。

对于汽车租赁经营者而言，长期汽车租赁业务具有风险低、现金回收稳定的特点；短期汽车租赁业务具有周期性强、风险高但投资回报率高的特点。为维持一定的赢利水平，控制经营风险，汽车租赁经营者通长将长期、短期汽车租赁业务进行合理匹配，以获取更大的经济收益。

四、按租赁车型划分

根据租赁车型不同,汽车租赁可分为客车租赁和货车租赁,其中客车租赁又可分为小型客车(轿车)租赁和大客车租赁。在我国,从事汽车租赁的客车原则上应为9座及以下的小型客车或者商务车。

五、按租用目的划分

根据承租人租用汽车的目的,汽车租赁可分为商务及公务租车、会务租车、旅游租车、婚庆租车等。商务及公务租车、会务租车等主要满足企事业单位的临时性用车需求,有些商务租赁车辆也可能长期为一些非企事业单位服务。旅游租车和婚庆租车多为个人或者家庭租车,婚庆所租车辆一般为豪华高档车辆。随着假日经济的不断发展,旅游租车在汽车租赁业务中越来越受欢迎。

第三节　汽车租赁的特征

由于汽车租赁是涉及出租人、承租人、汽车生产厂商、金融服务商等多个相关方面的一种交易行为,特别是其所有权与使用权的分离，使其主要具备与其他交易不同的一些特征。

一、服务性

服务性是汽车租赁具备的首要基本特性，即汽车租赁经营者通过服务在汽车上获得增值并产生利润。从广义的范围来看，汽车租赁企业能够为全社会提供“车辆资产的管理服务”，这种服务包括车辆的购置、出租、维护、修理、车辆救援、车辆保险、车队管理等内容。而从满足需求的角度来看，汽车租赁业可满足道路运输业、汽车制造业、中小企业以及个人消费者的租车需求。

二、契约性

汽车租赁的契约性是指交易双方通过签订合同的形式进行交易，即通过将汽车作为一种商品或资产，以使用权与收益权转移的形式进入企业的生产活动中或进入个人消费者的生活中，其本质是一种新型的商品消费形式和流通形式，而不是像出租车一样只是一种公共运输方式。因此，这种交易形式一般需要签订相应的汽车租赁合同，将汽车租赁经营者、承租人和租赁标的物“汽车”的使用权及收益权有机地联系起来，明确租赁双方的权利和义务，以及违约责任和特别约定等条款，从而保证双方的责任与权利有据可依、按法办事。

三、高风险性

汽车租赁业是一个信用消费特征比较明显的行业，加上汽车本身是高价值的消费品，使得汽车租赁业成为一个高风险的资本密集型行业。这种风险主要表现在以下4个方面：

1. 信用风险

以融资租赁来讲，由于融资租赁是一种将融资与融物相结合的租赁方式，在承租人选择厂商并确定租赁标的物后，由出租人提供资金购买资产提供给承租人，所以出租人面临承租人欠租的信用风险，这种风险涉及承租人的信用等级，因此，对于承租人的公司结构、经营信息、债务信用等相关信息的判别至关重要。

2. 宏观政策环境风险

该风险主要是指一个国家的宏观政策走向带来的风险，主要包括经济发展目标的变化带来的影响、行业的倾斜政策带来的影响，以及对外开放政策、企业制度改革政策、财政与货币政策、监管体系的变化等一些不确定性因素带来的风险。仍然以融资租赁为例来看一下其存在的风险因素。由于融资租赁一般使用固定利率，即租金固定，租金除包括租赁标的货价外，主要是融资利率，但市场利率是变化的，使租赁企业面临利率风险，如果在租赁期内利率发生不利变动，租赁公司的融资成本就会增加，原定收益就会下降，这样就会给租赁经营者带来相应的收益风险。

3. 残值价格波动风险

对租赁者来说，由于在租赁期满后，承租人一般会将租赁物退还给出租人，而出租人的经营利润一般体现在资产的残值上，因此，出租人既面临信用风险，同时由于资产的残值取决于当时的市场公允价值，还受到市场供给的影响及物价水平波动带来的影响，因此，同时还面临资产残值低于预期的风险。

4. 交通事故风险

由于租赁车辆最根本的用途是实现其作为交通运输工具的本质属性，而任何车辆在道路上行驶时，都存在潜在的交通事故风险，但汽车租赁公司由于拥有车辆数量较多，出于降低运营成本的考虑，一般只投保国家强制规定缴纳的车损险、全车盗抢险和责任险等险种，还有一些险种是采取自保的形式，这样就存在发生超出租赁押金数额或保险金额的交通事故的高损失风险。

四、规模经济性

对于汽车租赁业而言,规模经济性是指通过成批大量投入运营租赁汽车,从而实现单位成本降低的一种经营状况,其规模经济性表现为出租人通过规模化采购汽车,从而降低整体运营成本并向消费者提供有竞争力的价格与服务。而由于汽车是一种高价值消费品,因此,汽车租赁业务的运营起步要求较高,需要投入一定数量规模的汽车实物,同时还需要运营站点的网络化与快速反应的信息系统作支撑,其中,固定成本在总成本中占有很大的比例,“成本最小化”的效能较弱,“规模经济”更多地通过“利润最大化”的效能体现出来,而支持利润最大化的条件主要是集中采购功能、合理的业务流程安排、服务增值等。因此,一般汽车租赁公司的车辆只有达到一定规模后,方可达到最低盈亏平衡点,这种状况决定了只有随着租赁车辆规模的扩大,租赁产品的成本才会呈现出下降的趋势,从市场竞争的要求看,也只有形成一定的规模,才能确保市场价格大于其平均成本,才可能赢利。因而,一定的规模是汽车租赁企业生存的必要条件。

第二章　国内汽车租赁业现状及发展趋势

第一节　汽车租赁业在交通运输服务业和经济发展中的地位和作用

汽车租赁能为人民群众提供个性化的出行方式，为重大社会活动提供交通保证，能够有效配置车辆资源，并与铁路、航空、水路等运输方式充分衔接，丰富了道路运输服务的内容，是综合运输体系的重要组成部分。同时，汽车租赁是一种新型的消费方式，对于促进汽车销售，带动汽车产业、旅游业和金融保险业的发展具有重要作用。

一、汽车租赁业在交通运输服务业中的地位和作用

1. 汽车租赁业在交通运输服务业中的地位

一般，按照不同的运输方式，交通运输服务业分为道路运输服务业、铁路运输服务业、水路运输服务业、航空运输服务业和管道运输服务业。道路运输服务业又可分为道路旅客运输、道路货物运输和道路运输相关业务。

道路旅客运输包括公共汽电车运输、班线客运、包车客运、旅游客运和出租汽车客运。道路货物运输包括道路普通货运、道路货物专用运输、道路大型物件运输和道路危险货物运输。道路运输相关业务包括机动车维修、机动车驾驶员培训、运输站场和汽车租赁。汽车租赁业在交通运输服务业中的位置见图2-1。

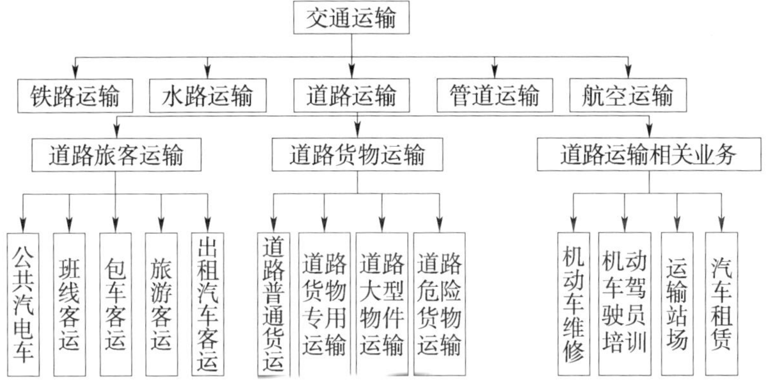

图2-1　汽车租赁业在交通运输服务业中的地位

1）衔接其他交通运输方式

汽车租赁属于交通运输服务业里道路运输服务业中的道路运输相关业务，是一种新型交通运输服务业态。汽车租赁具有道路运输机动灵活的特点，同时，汽车租赁门店普遍设在机场、火车站、水运码头等交通枢纽节点，实现与航空、铁路、水路运输等其他运输方式的有效衔接，是综合交通运输服务体系中的重要组成部分。在发达国家，汽车租赁企业在机场设置汽车租赁门店，是汽车租赁业的显著特点。据统计，美国50%的短期汽车租赁业务发生在机场。美国汽车租赁公司把争抢机场场地及开设汽车租赁门店作为重要发展战略，多在机场开设汽车租赁门店，并十分集中。在纽约约瓦克机场，无人驾驶列车连接着3个航站楼和4个停车场，聚集了安飞士、赫兹、国家汽车租赁等多家汽车租赁公司的门店，每个停车场可以停放数千辆租赁汽车。

2）丰富道路运输服务内容

在现有的道路运输服务形式中，汽车租赁与出租汽车客运、包车客运等所起到的作用是相互补充的。汽车租赁业的发展，丰富了道路运输业的服务内容。

汽车租赁与出租汽车相比，有很大不同。从性质上看，汽车租赁仅通过提供车辆满足社会公众个性化出行需求，不提供驾驶服务；而出租汽车是为社会公众提供“门到门”便捷运输服务，出租汽车驾驶员参与运输服务全过程。从功能上看，汽车租赁具有出行服务功能、融资功能、车辆资产管理功能、促销功能等；而出租汽车主要集中在客运服务功能上。从服务对象上看，汽车租赁的服务对象很多，包括企事业单位、汽车生产厂商和汽车销售商、个人消费者等；而出租汽车主要针对的是个人消费者。从合同形式上看,汽车租赁一般签订书面合同;而出租汽车一般以口头约定为主。从计费方式上看,汽车租赁主要通过合同按日、月、年等时间计费;而出租汽车主要是按照行驶里程计费。汽车租赁与出租汽车之间的区别如表2-1所示。

汽车租赁与出租汽车的比较　　　表2-1

对比内容	汽车租赁	出租汽车
性质	仅通过提供车辆满足社会公众个性化出行需求,不提供驾驶服务	为社会公众提供“门到门”便捷运输服务,出租汽车驾驶员参与运输服务全过程
功能	出行服务功能、融资功能、车辆资产管理功能、促销功能等	客运服务功能
服务对象	企事业单位、汽车生产厂商和汽车销售商、个人消费者等	个人消费者
服务方式	自驾、融资、车辆资产管理、车队管理等服务方式	“门到门”运输服务
合同形式	一般签订书面合同	一般不签书面合同,以口头约定为主,运输简单,服务结束后完成合同
计费方式	按照日、月、年等时间计费	按照行驶里程计费

汽车租赁与包车客运相比也有很大不同。包车客运的

车辆一般都是大客车，特别是旅游包车一般由运输公司与旅行社合作，而汽车租赁主要满足消费者对小型客车的出行需求。从事包车客运的运输公司很少提供小型客车的包车运输服务，可以说汽车租赁是包车客运的有效补充。

2. 汽车租赁业在交通运输服务业中的作用

汽车作为交通运输工具使用是汽车租赁最重要的特点，其使用价值始终是在交通运输过程中实现的，因此，汽车租赁由于其所具备的如融资、促销、资产管理等功能，在整个交通运输业中的作用越来越受到重视。从汽车租赁的功能与特性来讲，其在交通运输业中的作用主要表现在以下 4 个方面：

1）丰富道路运输服务内容

汽车租赁具备道路运输业中其他所有客货运输方式的服务功能。从客运角度讲，汽车租赁可以满足城市客运市场商务及私人个性化出行方式的需求，如企事业单位及个人的多样化用车需求；如企事业单位的商务用车、公务用车及旅游用车、私人用车等。与其他客运方式如公共汽车、地铁、电车、出租车等的运输服务作用相同，但对于企事业单位的自用车又多了一条服务内涵丰富的车源渠道；从货运角度讲，汽车租赁同样可以为货运需求提供车辆服务，满足企业临时性货物运输需求或不同类型货运车辆的需求。

2)为道路运输企业规模化、集约化发展提供支持

融资难是我国道路运输企业发展的瓶颈。在交通运输业中,城市公交业、城际快运、物流业在我国具有良好的发展前景,对车辆有着大量的和持续的需求,是融资租赁服务于交通运输业的一条非常好的出路,已有杭州、西宁等城市在政府财政无法满足城市公交扩容、更新的情况下利用融资租赁的方式满足城市公交发展的需要的成功范例。部分货运、物流企业也在尝试利用融资租赁方式扩大运力。

3)在组织运营模式方面提高道路运输功效

除通过车辆科技手段提高道路运输的资源利用功效外,汽车租赁可通过专业化的服务使道路运输行业实现资源的有效整合。汽车租赁的组织运营模式可以高效率地解决客、货运输企业的购车融资问题及其车辆的集中采购、专业管理问题,促使客、货运输企业的运输成本降低并提高运输效率与经济效益。同时具备对运力资源进行有效配置的独特作用,不但能够提高对社会闲散运力资源的利用率,还可促进道路运输的专业化程度,降低车辆空驶率,提高车辆的里程利用率和设备利用率。

4)改善城市交通结构

(1)汽车租赁在宏观上合理调整城市交通结构。在宏观层面,城市交通可分为使用公共交通工具和使用自备交通工具两大类。由于两种交通模式的交通资源利用率不同,从缓解城市交通拥挤的角度考虑,鼓励使用公共交通工具。

在汽车租赁被抑制的情况下,城市交通需求向使用公共交通工具的低端和使用自备交通工具的高端分化。当汽车租赁业的服务比较完善时,由于出现了更多需求选择空间,中端需求的人们可以不必因部分的高端需求而购买车辆,而购买车辆是造成车辆滥用的主要原因。因此,发展汽车租赁客观上可以减少交通拥挤。

(2)汽车租赁在微观上合理调整公共交通结构。我国城市公共交通结构存在的一个比较突出的问题是出租汽车运力过剩。汽车租赁的服务功能部分与出租汽车相重合。通过对在4h、行驶120km的条件下,使用出租汽车和租赁汽车两种交通方式所需费用进行比较,可以看出汽车租赁的优势,具体内容见表2-2。

使用出租汽车与租赁汽车所需费用比较 表2-2

类别	车费(元)	租金(元)	燃料费(元)	等候费(元)	总费用(元)
租赁汽车	0	120	86	0	206
出租汽车	360	0	0	100	460

从表2-2可以看出，在某些条件下，若以货币成本计算，使用租赁汽车作为交通工具，比出租汽车更经济。租赁汽车还有随意性强、体面等出租汽车不具备的优点。

日本高速铁路新干线各车站有269个汽车租赁站点，最短租期为6h，可供租赁的汽车多为经济型小客车，乘客租车后购买火车票打8折。日本欧力士融资租赁公司在政府主管部门的支持下，在铁道和地铁沿线、住宅区开展汽车共享服务，最短租期为30min，计费单位为15min，客户可以使用公交汽车IC卡结算。在日本短期租赁被称为“自家用自动车有偿贷渡业”，作为与客运并列的交通服务行业，纳入国土交通省管理。日本国土交通大臣在2009年出版的《全国汽车短期租赁协会25年史》发表文章，认为汽车租赁与铁路、民航构成完整的交通体系，为经济和社会作出了应有贡献。

二、汽车租赁业在经济发展中的地位和作用

汽车租赁业是一个涉及多个行业的复合型行业，与汽车产业、金融业、旅游业等关系密切，见图2-2。汽车租赁业的发展，能有力地推动这些行业的发展。

1. 汽车租赁业与汽车产业

1）汽车租赁与汽车服务贸易体系

汽车工业可概略分为生产、销售及售后服务3个环节，国际上通常将汽车出厂后的相关环节统称为汽车售后服务贸易体系，服务贸易体系所涵盖的范围非常广泛，包括国内贸易、进出口、销售、信贷、保险、租赁、物流、售后服务和信息咨询等领域的所有相关内容。汽车租赁以汽车融资租赁和汽车租赁服务两种方式参与汽车服务贸易体系。

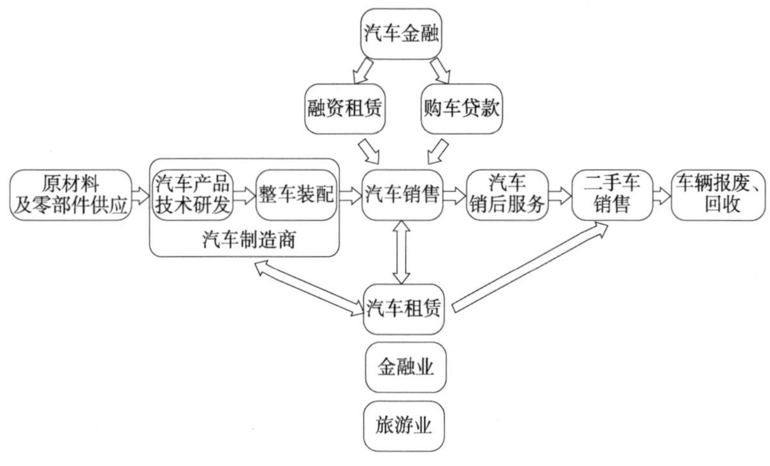

图2-2　汽车租赁相关产业示意图

(1)汽车融资租赁。汽车融资租赁的特殊功能使得其既是促进汽车销售的一个重要渠道，又是汽车金融服务必须依赖的一个重要环节。在发达国家，这种形式早已成为国外各大汽车厂商扩大销售、激发潜在需求向现实需求转化的重要手段。如在美国，主要汽车生产企业用租赁方式营销的汽车占汽车总产量的30%以上，在德国甚至达到70%。即使现在市场已经非常成熟,近几年汽车融资租赁规模仍以年均8%的速度递增。

(2)汽车租赁服务。汽车租赁服务虽然不直接涉及汽车销售,但在整个汽车产业链条中,汽车租赁的上游是汽车制造厂商,下游是二手车交易市场与各类消费群体,汽车租赁的功能是在其上、下游之间促进汽车所有权、使用权的转移和货币资本的循环流动,通过建立汽车租赁服务、二手车产业链,可以均衡各环节利润,降低二手车的价格、促进汽车流通,进而促进交易量的大幅提升,是一条重要的间接汽车销售渠道。此外,汽车租赁服务能够及时将消费市场信息传递给生产厂商,从而使生产厂商提高产品的竞争力。

2)汽车租赁与汽车产业的密切关系

汽车租赁与汽车制造是一种相互服务的关系:汽车制造通过汽车租赁的展示和渠道作用,为其新产品的推广和销售服务;汽车租赁企业依靠与汽车制造企业的合作减少资金压力,获得租赁车辆供应支持。发达国家很多大型汽车租赁公司的背后都有知名的汽车生产厂商在支持,例如,全球经营规模最大的汽车租赁企业赫兹全球控股公司,2002成为福特汽车公司的全资子公司,安飞士汽车租赁公司的背后是通用汽车公司,而全球第三大汽车租赁公司欧洲汽车是德国大众全资控股的子公司，隶属于日本丰田汽车公司的丰田汽车租赁有限公司是日本第一大汽车租赁公司。在具体业务上，汽车制造和汽车租赁有非常成功的合作，如 2007 年赫兹全球控股的 31 万辆小客车是以汽车制造企业定期回购或者定价回购的方式从福特、通用汽车制造企业购买的，这样可以大大降低赫兹因车辆残值波动而承担的经营风险，福特汽车甚至为赫兹公司负担部分广告费，因为赫兹大量使用福特汽车为福特汽车公司作了良好的广告宣传。

2. 汽车租赁业与金融业

汽车租赁业是资本密集型行业。在汽车租赁经营中，需要投入大量资金购置车辆和建立运营网络，为解决汽车租赁经营者资金不足的问题，需要金融机构的支持。反过来，汽车租赁以其多种多样的市场功能，可以为金融机构等提供新的市场投资，成为银行和投资机构配置信贷资金和社会资金的新渠道。特别是汽车融资租赁作为金融业的一个具体业务类别，是汽车消费需求者解决个人或者企业资金不足时的便捷、高效的融资手段。汽车融资租赁不但能够疏通汽车产业下游“管道”，避免汽车积压和库存，缩短周转时间，提高资金使用效率和利润水平，还可以使汽车产业的高价值转移性得以顺利实现。

3. 汽车租赁业与旅游业

在欧美一些发达国家，汽车租赁已经成为旅游业中非常重要的环节，很多机场、码头和火车站都设有汽车租赁站点，并且在预订酒店、机票、车票等方面实现了资源共享。为提高服务水平、吸引游客，许多知名旅游企业直接投资汽车租赁业，或者与汽车租赁企业开展车辆预订、积分优惠等方面的合作。一些饭店、宾馆也与汽车租赁企业广泛开展合作，旅游者可以通过饭店、宾馆租赁汽车，并享受一定的优惠。

在我国，汽车租赁近年来越来越受到自助旅游者的青睐。随着旅游消费档次的提高，使用小型交通工具、自主设计旅游路线的自助旅游需求将不断扩大，这为汽车租赁带来了较大的潜在需求。同样，汽车租赁既能满足自助旅游者对车辆的要求，也能够满足游客在旅游中对车型的多样化需求，通过高品质、多样式、个性化的汽车租赁服务，促进旅游业的发展。

第二节　汽车租赁业现状与存在的问题

一、汽车租赁业现状

我国汽车租赁业近年来发展迅速，截至 2010 年年底，全国共有汽车租赁车辆10多万辆、产值140多亿元，汽车租赁业呈现由中东部向西部地区、从大城市向中小城市扩展的趋势，根据以上分析可以看出，我国汽车租赁业是具有极大发展潜力的。但是，我国汽车租赁业起步于20世纪80年代末，总体上仍处在起步阶段，同时面临着巨大的国际竞争压力。

1. 市场集中度低、不具备产品差别化

企业规模小是主要原因之一。我国汽车租赁业起步晚，绝大部分规模很小，抵御市场风险能力差，80%的汽车租赁企业运营汽车不足50辆，70%的汽车租赁企业的正式员工不足5名，85%的汽车租赁企业汽车租赁站点数低于2个，即使规模较大的汽车租赁公司也只能实现在本地或本区域的服务，至今未能形成遍布全国的汽车租赁网络。从目前市场发展态势来看，基本上形成了北京、上海、深圳、广州四足鼎立的稳定局势，这4个城市的汽车租赁市场规模之和占全国市场的59%，但从行业整合程度来看，前10名的汽车租赁企业所占的市场份额不过11%，前5家汽车租赁企业的市场份额只占8%。我国最大的汽车租赁企业首汽公司，市场占有率也不到3%，远远小于其他国家的整合程度。再者，汽车租赁公司的服务不具备产品差别化，使得产品的可替代性较大，

交叉弹性变大，进一步影响了市场集中度，不易形成规模经济。

2. 缺乏完善的诚信体系

在国外只凭驾驶证就可以租车，而在我国还需要身份证，若是机构租赁，企业还得出示营业执照，这种烦琐的租车手续给消费者带来了极大的不便。汽车租赁业属于朝阳产业，初期需要巨大的资金投入，因而具有很大的经营风险，诚信体系的缺乏会给汽车租赁公司带来很大的经济损失，极大阻碍了它们的发展。

3. 网络化不足，品牌化不高

全国汽车租赁的服务网络尚未形成，异地租车、还车业务还未得到有效开展，异地汽车修理也存在问题，因为某些地区根本不存在一些高档车辆的4S店，不能充分发挥汽车租赁的便利性。汽车租赁企业普遍不重视企业自身品牌建设，服务理念落后，业务相对单一，同质化竞争严重，大品牌的汽车租赁公司少之又少。这些都使汽车租赁的优势和作用不能充分发挥，影响了服务质量的提升，制约了汽车租赁业健康发展。

4. 面临巨大的国际竞争

国外汽车租赁市场起步早，运营和盈利模式已非常成熟。美国、德国、日本等发达国家的汽车租赁已形成网络化、规模化经营。美国1918年创立了首家汽车租赁公司，当时只有23辆汽车。截至2010年，美国汽车租赁企业的车辆已达160多万辆，收入规模为200多亿美元，从业人数达12万多人。日本汽车租赁起步于20世纪60年代，伴随日本汽车产业的成长而发展。截至2010年，日本汽车租赁企业的车辆已达300多万辆，占新车销售比例的12.5%、汽车保有量的3.84%。国际汽车租赁公司在其经营业务和腹地不断迅猛扩展的同时，也形成了自身发展的特点和极为明显的竞争优势。

(1)经营的车辆以经济型和小型车为主。34%的租赁汽车属于经济型车，40%属于小型车，只有9%为豪华和特种车辆。

(2)国际汽车租赁公司与汽车生产厂商合作紧密，通过汽车制造厂商提供的服务，汽车租赁公司的庞大车队实现了车辆的快速更新。资料显示，在美国汽车批销量结构中，30%的汽车是销售给了租赁公司；福特公司汽车的批销量占到了该公司总销量的23%，其中50%的汽车是卖给租赁公司。

(3)救援保险等基本保障体系完备。国外汽车租赁公司与专业救援机构组成了完善的救援保障体系，开通救援专线为租赁车辆提供及时救援服务。在汽车租赁保险方面，除了一般车辆的险种外，国外汽车租赁公司还开展了针对租赁车辆的专门险种，提高了抗风险能力，保障了消费者权益。

(4)具备良好的外部配套条件。以高速公路为纽带的道路交通基础设施完善，具有高效的全球信息网络及卫星导航高新技术。

(5)建立了完善的个人信用评估和社会信用保障体系，以及良好的社会道德水平。

(6)汽车租赁业得到了国外政府政策的支持，在机场、地铁站，政府部门都会专门规划出给汽车租赁公司停车的停车场，作为租赁公司最大的一个配套设施得到了大力支持。

二、我国汽车租赁业发展中存在的问题

1. 汽车租赁法律、政策有待进一步完善

(1)汽车租赁管理法律法规有待进一步完善。2004年国务院颁布实施的《道路运输条例》中道路运输管理范畴并没有包括汽车租赁业，使汽车租赁业失去了政策保障，致使自身存在的一些问题的解决无法得到管理部门的支持。2004年《行政许可法》的颁布和实施，使得汽车租赁企业设立的行政许可制度，缺乏法律和行政法规依

据。2007年底《汽车租赁业管理暂行规定》被废除,汽车租赁业缺少了行政主管部门和法律规章的支持。虽然2009年国务院办公厅《关于印发交通运输部主要职责内设机构和人员编制规定的通知》(国办发〔2009〕18号)中规定,交通运输部"内设机构道路运输司(出租汽车行业指导办公室)承担公共汽车、城市地铁和轨道交通运营、出租汽车、汽车租赁等的指导工作",2011年交通运输部又下发了《关于促进汽车租赁业健康发展的通知》(交运发〔2011〕147号),要求"各地要结合实际,加快研究制定汽车租赁地方性法规、规章,并纳入道路运输法规体系,建立健全市场准入、退出机制,推动汽车租赁业规范健康发展"。但是,目前国家和地方均未出台对汽车租赁实施管理的相关法律、法规。汽车租赁管理法律法规有待进一步完善。

(2)行业管理有待加强。长期以来,汽车租赁业重视事前审批,忽略事后监督,重视事前把关,忽略事后引导,汽车租赁市场不规范,市场监督体制不完善。

2.我国汽车租赁企业规模小,自身局限性大

(1)企业经营规模小,管理水平低。许多汽车租赁公司还停留在小作坊式经营阶段;汽车租赁规模小,档次低,管理手段低,租赁车辆多数是挂靠的私家车和社会闲

散车辆，基本以本地市场服务为主，未在火车站、汽车站、飞机场、高档宾馆等人员集散地设立汽车租赁企业网点；规模偏小造成运营成本过高，导致恶性竞争；而且企业利润少，抗风险能力差，缺乏龙头企业。

（2）经营方式单一。许多汽车租赁企业依然采用传统的经营方式，坐等“鱼儿上钩”。没有主动的培育市场的意识。这种经营方式无形之中就缩小了企业服务范围，不能有效地吸引更大范围的需求客户。仅仅将服务群体局限在了企业周围的人群之中。

（3）网络化建设滞后。目前，我国的汽车租赁企业大都处于孤军奋战的格局，各个企业之间缺乏联系。较大的汽车租赁企业在全国各地的服务站点建设还不完善，跨地区租车、还车，维修等服务还有待加强。

3.我国汽车租赁市场，成熟度低

（1）承租人租车手续烦琐。由于没有统一规定的租赁车辆提供的相关证明材料，造成汽车租赁企业在汽车租赁业务中为避免风险，要求租赁人提供担保、巨额押金以及相关身份证明等资料，办理手续非常烦琐，人为阻碍了汽车租赁业务的进一步发展。

（2）合同不规范，权利义务不清。由于没有统一规范的租赁合同，租赁公司与租赁人签订的租车合同往往都是不平等条约，在发生交通事故时产生的纠纷较多，损害了消费者的权益。另外，部分租赁企业将没有安全保障的挂靠私家车和社会闲散车出租，不向用户说明情况，一旦发生意外，挂靠车主和租赁公司一般都会相互推卸责任，从而无法保障汽车租赁用户的合法权益。

(3)汽车租赁价格不透明，随意定价。由于没有相关部门实施管理，一些汽车租赁公司在客源不足时，采取竞相压价的手段争夺客源；而在汽车租赁高峰时段，又随意抬高价格，造成租车价格混乱，侵害消费者利益。

(4)社会信用体系建设不完善。部分汽车租赁公司将挂靠车辆用于抵押、融资，一旦出现汽车承租人骗租（骗取车辆等资产），将导致租赁公司与挂靠车主、租赁人三者之间利益受到损害，进而产生矛盾，严重影响了汽车租赁业的经营秩序。

(5)少数租赁车辆技术状况差，安全隐患大。

(6)汽车承租人伪造证件骗租、骗盗租赁车辆等违法行为时有发生，影响了汽车租赁业的发展。

第三节　汽车租赁业发展趋势

从发达国家汽车租赁业发展经验和我国汽车租赁业

发展环境来看，汽车租赁业将朝着规模化、信息化、网络化、品牌化的方向发展。汽车租赁业在发展的过程中，应注重与其他相关行业的紧密衔接，积极采用物联网、RFID等现代信息化先进技术，借助物联网、车联网、互联网+等信息技术，不断提升汽车租赁经营规模、不断扩充并完善经营网络，不断打造自主汽车租赁品牌，并向全国化乃至全球化发展。

一、汽车租赁规模化

目前，世界汽车租赁市场发展势头十分迅猛，汽车租赁业与其他服务行业相比，增长较快。一些汽车租赁公司从最初的小规模经营，逐步通过并购、特许经营、跨行业合作，产业链整合等方式已整合发展成为汽车租赁网点遍布全球主要国家、拥有数十万辆车辆、数万名雇员的特大型跨国公司。规模化经营已成为全球汽车租赁业的发展潮流，规模化经营为汽车租赁企业带来了规模化效益。

1.汽车租赁公司的规模化经营趋势日益加剧

美国汽车租赁业走的就是一条不断整合、兼并重组的发展之路。20 世纪 90 年代前，美国汽车租赁企业多，规模也较小；20 世纪 90 年代后，美国汽车租赁业开始兼并重组，逐步形成大的汽车租赁公司。通过重组，美国汽车租赁市场的集中度逐年上升，前5个最大汽车租赁企业所占市场份额，已从2005年的84%上升到2010年的93.9%。据统计，安特普利斯汽车租赁公司占汽车租赁市场份额的52.2%、赫兹汽车租赁公司占汽车租赁市场份额的17.8%、安飞士巴基特汽车租赁公司占汽车租赁市场份额的16.6%，道乐汽车租赁公司和优胜公司占汽车租赁市场份额分别为6.6%和0.7%。

2. 跨行业合作、产业链整合更广泛

汽车租赁经营企业通过与汽车制造商、二手车经营商、车辆报废处理商合作，构建汽车租赁闭环供应与管理链条。可以在新车购置、二手车转让、车辆报废等方面实现多方共赢，促进汽车生产企业的产销流通，盘活企业库存，减少资金占用，增加汽车制造商销量和市场占有率，二手车交易市场的合作，将使汽车租赁企业的车辆更新有一个强有力的依托。同时，汽车租赁经营者可以及时更新租赁车型，加强租赁业的竞争力，降低资金压力，降低二手车价值损失、提升车辆残值等，进一步降低经营成本，促进汽车租赁业的规模化、规范化和网络化。

另外，汽车租赁经营企业与银行、证券、风投等金融

机构合体，平安、太平洋等保险机构合作，提高租赁企业的抗风险能力。未来汽车租赁企业应不断捕捉商旅和假日商机，与航空公司、旅行社、酒店以及机场、火车站、码头等交通枢纽合作开展汽车租赁业务，识别汽车租赁客户，在商旅和自由行客户作出选择交通方式的第一时间，以具竞争力的便捷手续为其提供所需的车辆，全方位把握客户需求，提供更精细化服务，不断提升服务水平，提升市场占有率。同时，可逐步扩展细分领域市场，实现做大做强做品牌的目标。

3.汽车租赁市场集中度提高

据统计，美国、日本、德国、韩国和巴西的前5大汽车租赁企业业务量占全国汽车租赁市场的份额分别为94%、82%、70%、49%和30%。与发达国家相比，我国的汽车租赁市场仍然处于起步阶段。我国前5大汽车租赁公司的市场份额仅占市场总规模的8%左右，不仅远低于美国、日本等发达国家，而且也低于巴西等新兴经济体国家。由此可见我国90%以上汽车租赁市场份额被规模较小的汽车租赁企业或者小作坊式汽车租赁公司所占领，培育我国汽车租赁龙头企业，引导更多领头汽车租赁企业做大做强，不断提升市场占有率，充分发挥规模化的经营优势是汽车租赁业的发展方向。各国汽车租赁市场集中度对比情况见图 2-3。

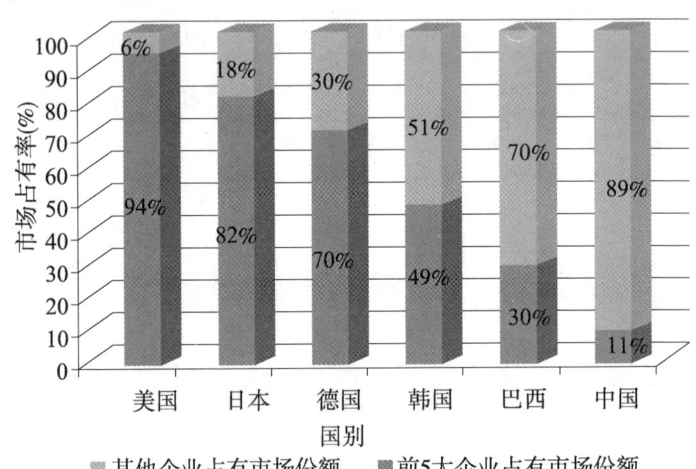

图 2-3　各国汽车租赁业市场集中度对比图

4. 规模化经营的优势

只有规模网络化的发展，凝聚多方力量，才能提高租车与还车环节的时效性，开办异地交接车等业务，体现汽车租赁方便和规模优势，形成具有统一品牌的汽车租赁服务网络与服务水平。汽车租赁企业需要通过联合、购并、托管、改制与转制等形式的资产重组，促使社会公共资源向服务优、管理好、有品牌竞争力的优质企业集中。汽车租赁业只有通过规模化经营，降低单位成本，不断提高精细化服务水平，才能获得规模效益，为优质企业做大做强提供机遇和平台。

随着我国汽车租赁市场发展的逐步成熟，我国汽车租赁业也将朝着规模化的方向发展。规模化的汽车租赁企业拥有中小企业所无法企及的竞争优势：

(1)规模化汽车租赁企业拥有中小企业所不能比拟的资金规模，这为其更新设备、加强设施建设、推广应用先进技术、吸引人才、打造品牌等提供了物质保证。

(2)规模化汽车租赁企业在规模化发展的基础上，通过先进技术和科学管理可以进行服务创新，如异地还车、电话预约、电子商务、电子货币结算等，都是中小型汽车租赁企业难以做到的。

(3)规模化汽车租赁企业可以对内部各经营网点之间的业务进行合理分工，加强对车辆的调度，研究制订市场拓展策略，提高抵御风险的能力，而中小型汽车租赁企业很难完全具备这些能力。

二、汽车租赁信息化、网络化

随着我国信息技术日新月异，RFID 技术、大数据挖掘技术、异构数据集成处理技术、不同结构信息数据融合等技术发展，物联网、车辆网、互联网+等网络建设，促进汽车租赁企业信息化建设，实现汽车租赁经营网络化成为汽车租赁发展的必然趋势。

1. 促进行业发展

信息化建设对解决当前困扰汽车租赁业务发展的行

业管理滞后，汽车租赁企业规模小，自身局限性大，汽车租赁市场秩序混乱，成熟度低等行业共性问题能起到重要作用。企业规模化发展后的发展实力将进一步增强，建立汽车租赁信息化平台和共享平台将成为必然的趋势，从而提高汽车租赁企业内部人员、车辆、客户、档案等管理精细度和管理效益，提升企业规模，突破企业自身局限，打造汽车租赁龙头企业。

2. 提升行业监管能力

政府部门可以通过建立全国、省、地市三级平台，实现汽车租赁业的全面监管，包括资格审查、年审等行政管理，人员、车辆等生产要素管理，同时建立市场信用体系，以市场为主导，以守法守信、守德（主要指道德、伦理信用）、综合实力（主要包括经营、资本、管理、技术等）为基础进行综合评价，依法公布汽车租赁经营者信用信息，合法管理承租人信用信息，从而提升汽车租赁市场成熟度，打造井然有序的汽车租赁市场。

3. 促进汽车经营网络化发展

基于信息化建立全面覆盖的汽车租赁网络，使各地租赁门店共享客户资源，建立车辆定位、追踪体系，建立客户管理系统等可以降低汽车租赁经营风险，解决租赁车辆调度问题，还能为消费者提供异地还车等便利服务。

国际上大型汽车租赁企业都高度重视营业网点的网络化建设,不断扩大服务范围,建立了与现代汽车社会相适应的专业化、网络化的汽车租赁服务体系。

4.促进汽车租赁全球化发展

国际上大型汽车租赁企业高度重视全球发展战略。安特普利斯汽车租赁公司作为全球最大的汽车租赁企业,已经在北美、中美、南美、欧洲、中东地区建立了汽车租赁网络,特别是在欧洲,已经在德国、法国、西班牙、意大利、英国、波兰、罗马尼亚、乌克兰、土耳其等国家设立了公司,消费者可以在全球范围内享受该公司的汽车租赁服务。通过信息化建立企业全球化服务网络平台、客户管理平台、车辆管理平台等实现客户精细化管理,车辆动态监控与管理,实现全球范围便捷租还车,不断提升全球业务服务水平,为打造汽车租赁著名品牌等打下坚实的基础。

1)营业网点、服务网络平台拓展

近年来,我国一些规模较大的汽车租赁公司也开始不断提升网络化服务水平,已经建立覆盖北京、上海、广州等一线城市的营业网点,并开始将服务网点推向国内二、三线城市,加快扩大服务范围,提供异地还车服务等,为此需要建立基于物联网、RFID 技术的覆盖全国乃至全世界范围的综合服务平台支撑业务发展。

2）客户关系管理平台网络拓展

建立基于物联网、RFID 等技术的客户关系管理系统，收集客户订车、用车等信息，从而总结用户在汽车租赁方面的消费习惯，有针对性地推荐优惠服务，提供细分化、个性化、单一化服务，不断拓展各细分市场，不断提升客户服务水平和客户服务精细度。

3）车辆管理网络平台拓展

基于现有物联网、RFID 等技术实现车辆跟踪与监管，一旦发现车辆有被盗或者事故危险及时报警，实现车辆管理调度信息化；在平台建设上，企业要建设流程简单、运用快速的服务平台，保证承租人方便选择和提取承租车辆等快捷高效服务，并保证承租人银行卡、信用卡等信息安全；从行业的角度，统一（但不强制）信息平台的统一和管理，实现行业监管部门车辆监管一体化。

三、汽车租赁品牌化

品牌是一种识别标志、一种精神象征、一种价值理念，是品质优异的核心体现，是企业发展历程的集中体现，是企业使命的最好诠释，是企业重要的无形资产。培育和创造品牌的过程也是不断创新的过程，自身有了创新的力量，才能在激烈的竞争中立于不败之地，继而巩固原有品牌资产，多层次、多角度、多领域地参与竞争。

1. 汽车租赁品牌建设

国外大型汽车租赁企业高度重视品牌建设，把企业品牌当作企业发展的命脉，是企业发展之本。如安特普利斯公司的经营信条中最重要的一条是“我们的品牌是我们拥有的最宝贵的财富”。

汽车租赁企业始终如一地坚持汽车租赁品牌，既是对企业自身的自信，也充分保护客户权益，赢得客户的信任。国外汽车租赁企业的兼并重组较为频繁，但是为了维护顾客对汽车租赁品牌的忠诚度，打造“百年老店”，绝大多数的汽车租赁企业品牌并没有随着兼并重组而消失。如赫兹汽车租赁公司自 1918 年创建以来，经历了多次并购活动，包括被通用汽车公司、福特汽车公司等收购，但在此过程中，赫兹汽车租赁公司作为以汽车租赁为主营业务的子公司，始终保持原有的品牌，拥有独立的运营管理层，保持着固定的客户群，从而能够在激烈的竞争中脱颖而出。国外大型汽车租赁公司也高度重视通过广告宣传扩大企业影响、塑造企业品牌，在公路两侧，汽车租赁企业的广告随处可见。

2. 汽车租赁品牌宣传

随着国外汽车租赁管理理念传入我国，国外大型的汽车租赁企业也开始进入中国。我国本土的汽车租赁企业也开始注重品牌的培养，先后出现了一批较为知名的汽车租赁企业，并拥有了鲜明的标记、符号、图案和颜色等品牌要素，形成了各自的服务标识。各汽车租赁企业也非常注重市场推广和广告宣传，以树立企业的品牌、赢得客户的信任。但是，除了少数汽车租赁企业外，我国绝大多数汽车租赁企业品牌意识仍需进一步提升，需要有清晰的发展战略和目标，有完善的企业发展机制，有科学合理的管理制度，不断提高服务意识和服务质量，朝着品牌化的方向发展。

第三章　汽车租赁相关法律法规及标准

第一节　汽车租赁经营资格相关规定

汽车租赁经营者即依法取得汽车租赁经营资格，对车辆拥有合法产权，从事汽车租赁服务经营活动的法人。作为市场经营主体，其活动须遵守《公司法》相关规定，同时还受到《合同法》、《招投标法》、《反不正当竞争法》、《劳动法》等市场经营、环境保护等方面的共性法律约束。由于汽车租赁业务的特殊性，其经营活动还受到《汽车租赁服务规范》（GB/T 29911—2013）、《关于促进汽车租赁业健康发展的通知》（交运发〔2011〕147 号）、《湖北省道路运输条例》、《武汉市道路运输管理规定》等的行业特有法律的约束。

一、共性法律

1. 公司法

汽车租赁经营者首先需要满足我国《公司法》等关于

法人的相关规定,具体规定如下:

第二条【调整对象】 本法所称公司是指依照本法在中国境内设立的有限责任公司和股份有限公司。

第三条【法人财产权及股东责任】 公司是企业法人,有独立的法人财产,享有法人财产权。公司以其全部财产对公司的债务承担责任。有限责任公司的股东以其认缴的出资额为限对公司承担责任;股份有限公司的股东以其认购的股份为限对公司承担责任。

第五条【公司义务及权益保护】 公司从事经营活动,必须遵守法律、行政法规,遵守社会公德、商业道德,诚实守信,接受政府和社会公众的监督,承担社会责任。公司的合法权益受法律保护,不受侵犯。

第六条【公司登记】 设立公司,应当依法向公司登记机关申请设立登记。符合本法规定的设立条件的,由公司登记机关分别登记为有限责任公司或者股份有限公司;不符合本法规定的设立条件的,不得登记为有限责任公司或者股份有限公司。

法律、行政法规规定设立公司必须报经批准的,应当在公司登记前依法办理批准手续。

公众可以向公司登记机关申请查询公司登记事项,公司登记机关应当提供查询服务。

第七条【营业执照】　依法设立的公司，由公司登记机关发给公司营业执照。公司营业执照签发日期为公司成立日期。

公司营业执照应当载明公司的名称、住所、注册资本、经营范围、法定代表人姓名等事项。公司营业执照记载的事项发生变更的，公司应当依法办理变更登记，由公司登记机关换发营业执照。

第八条【公司名称】　依照本法设立的有限责任公司，必须在公司名称中标明有限责任公司或者有限公司字样。依照本法设立的股份有限公司，必须在公司名称中标明股份有限公司或者股份公司字样。

第九条【公司性质改变】　有限责任公司变更为股份有限公司，应当符合本法规定的股份有限公司的条件。股份有限公司变更为有限责任公司，应当符合本法规定的有限责任公司的条件。有限责任公司变更为股份有限公司的，或者股份有限公司变更为有限责任公司的，公司变更前的债权、债务由变更后的公司承继。

第十条【公司住所】　公司以其主要办事机构所在地为住所。

第十一条【公司章程】　设立公司必须依法制定公司章程。公司章程对公司、股东、董事、监事、高级管理人员具有约束力。

第十二条【经营范围】　公司的经营范围由公司章程规定,并依法登记。公司可以修改公司章程,改变经营范围,但是应当办理变更登记。公司的经营范围中属于法律、行政法规规定须经批准的项目,应当依法经过批准。

第十三条【法定代表人】　公司法定代表人依照公司章程的规定,由董事长、执行董事或者经理担任,并依法登记。公司法定代表人变更,应当办理变更登记。

第十四条【分公司与子公司】　公司可以设立分公司。设立分公司,应当向公司登记机关申请登记,领取营业执照。分公司不具有法人资格,其民事责任由公司承担。

公司可以设立子公司,子公司具有法人资格,依法独立承担民事责任。

第十五条【转投资】　公司可以向其他企业投资;但是,除法律另有规定外,不得成为对所投资企业的债务承担连带责任的出资人。

需要有自己的名称、资金、住所、经营范围等,并依法在工商行政管理部门取得营业执照,同时,需要取得我国交通运输管理部门经营许可,并颁发经营许可证。

2.《合同法》等其他共性法律

《合同法》对市场经营中合同订立、合同效力都做了相关固定,汽车租赁经营者与承租人在订立合同时需要遵守相关规定,以下就合同订立相关要求进行阐述。

第九条　当事人订立合同,应当具有相应的民事权利能力和民事行为能力。当事人依法可以委托代理人订立合同。

第十条　当事人订立合同,有书面形式、口头形式和其他形式。

第十一条　书面形式是指合同书、信件和数据电文(包括电报、电传、传真、电子数据交换和电子邮件)等可以有形地表现所载内容的形式。

第十二条　合同的内容由当事人约定,一般包括以下条款:

(一)当事人的名称或者姓名和住所;

(二)标的;

(三)数量;

(四)质量;

(五)价款或者报酬;

(六)履行期限、地点和方式;

(七)违约责任;

（八）解决争议的方法。

当事人可以参照各类合同的示范文本订立合同。

作为市场经营主体，还需要遵守《招投标法》、《反不正当竞争法》等市场经营方面的法律，从而保证汽车租赁市场秩序井然，同时，作为企业，汽车租赁经营者需要遵守《劳动法》等相关法律，保障员工基本权益，另外，汽车租赁经营者和承租人在租车、用车等过程中需遵守我国环境保护等其他相关法律，此处不再赘述。

二、行业特有法律法规

汽车租赁业作为一种新型交通运输服务业，需受到我国交通运输相关法律、法规、规定等约束，由于《中华人民共和国道路运输条例》并未对汽车租赁作出相关规定，我国现有的行业特有法规仅包括国家标准《汽车租赁服务规范》（GB/T 29911—2013），《关于促进汽车租赁业健康发展的通知》（交运发〔2011〕147 号），武汉市汽车租赁企业还应遵守《湖北省道路运输条例》、《武汉市道路运输管理规定》（市政府令 228 号），以下就相关法规进行部分阐述。

1.《汽车租赁服务规范》（GB/T 29911—2013）

（1）《汽车租赁服务规范》（GB/T 29911—2013）第

3.4 条规定,汽车租赁经营者定义:汽车租赁经营者即依法取得汽车租赁经营资格,对车辆拥有合法产权,从事汽车租赁服务经营活动的法人。

(2)《汽车租赁服务规范》(GB/T 29911—2013)第 5 条规定汽车租赁经营者应满足的基本要求:

①应符合规定的汽车租赁业经营条件。

②应提供合同约定的车辆,提供有效、齐全的相关证件和随车服务手册。

③应按国家法律法规及合同约定购买相应保险。发生事故后,应按责任认定和合同约定承担相应责任,并协助办理保险赔付。

④应提供合同约定的车辆故障维修和救援服务。

⑤应为承租人有关信息保密。

⑥建立管理体系,管理制度、岗位职责、操作手册等资料,满足交通运输企业安全生产标准化相关要求。

(3)《汽车租赁服务规范》(GB/T 29911—2013)第 6 条汽车租赁经营者租赁车辆要求包括以下几个方面:

①车辆技术条件应符合《机动车运行安全技术条件》(GB 7258—2012)的规定。

②车辆维护、检测、诊断应符合《汽车维护、检测、诊断技术规范》(GB/T 18344—2001)的规定。

③车辆污染物排放限值应符合《轻型汽车污染物排放限值及测量方法》(GB 18352.3—2005)的规定。

④车辆内饰材料应符合《汽车内饰材料的燃烧特性》(GB 8410—2006)的规定。

⑤车辆应取得公安部门核发的机动车牌照、《道路运输证》和行驶证并随车携带。机动车行驶证的所有人名称应与汽车租赁经营者工商登记名称一致。

⑥汽车租赁经营者应按规定定期进行维护、检测、保养和安全技术检查,保证车辆技术状况良好。

⑦车身外观完好。车厢内整洁、卫生,无杂物、异味。

⑧车辆灯光、喇叭、后视镜、刮水器、轮胎盖、仪表、遮阳板、化妆镜、顶棚齐全完好。

⑨车门功能正常。车窗玻璃密闭良好,洁净明亮、无遮蔽物,升降功能有效。行李舱照明有效,开启装置完好。

⑩座椅牢固无塌陷。前排座椅可前后移动,靠背倾度可调。安全带和锁扣齐全、有效。

⑪注册登记超过6年的车辆不宜用于汽车租赁经营。

⑫按照规定安装和使用具有记录行驶轨迹功能的卫星定位设施设备,并与全市道路运输车载系统监控平台

实时连通。

2.《关于促进汽车租赁业健康发展的通知》(交运发〔2011〕147号)

《关于促进汽车租赁业健康发展的通知》(交运发〔2011〕147号)文件明确了汽车租赁重要性、发展目标、发展重点等。以下就汽车租赁发展重点进行阐述。

《关于促进汽车租赁业健康发展的通知》(交运发〔2011〕147号)文件就加强行业管理促进规范发展作出如下规定:

一是建立健全汽车租赁法规体系。各地要结合实际,加快研究制定汽车租赁地方性法规、规章,并纳入道路运输法规体系,建立健全市场准入、退出机制,推动汽车租赁业规范健康发展。

二是加快制定汽车租赁业发展规划。各地要在加强调研、摸清情况的基础上,制定汽车租赁业发展规划,并纳入综合运输体系规划和交通运输发展规划。汽车租赁业可根据各种运输方式规划建设的枢纽站场,布局汽车租赁网点。

三是引导规模化、网络化、品牌化发展。各地要采取切实有效的措施,鼓励规模大、管理好、信誉高的汽车租赁企业依法设立分支机构,建立全国或区域性汽车租赁网络。各地不得实行地方保护和地区封锁。自有车辆在1000 辆以上的汽车租赁企业在异地设立分支机构的,各设立地道路运输管理机构要简化程序,提供良好服务。

四是加强汽车租赁管理。汽车租赁车辆应当取得有关合法资格证件,并随车携带。汽车租赁车辆应当定期进行维护和检测,确保车辆性能良好。汽车租赁企业应当与承租人签订车辆租赁合同,提供符合技术标准和证件齐全有效的车辆。汽车租赁企业未经许可,不得擅自从事道路客货运输经营活动。

五是创新汽车租赁服务模式。鼓励汽车租赁企业发展多种服务模式,鼓励与交通运输企业、宾馆、旅行社、商务门户网站等开展合作,增加服务网点,满足休闲、商务、会展、通勤、婚庆等不同的个性化出行需求。借鉴国际成熟的管理技术和经营模式,开展异地还车、电话预约、电子商务、企业相互间代办业务、电子货币结算等业务。鼓励应用卫星定位、导航等先进技术,提高汽车租赁服务水平。

六是创造良好的发展环境。各地要加强指导和协调,支持汽车租赁企业与银行、保险等金融服务行业及汽车产业链各环节的紧密合作,完善消费者诚信体系,增强企业发展能力,降低企业经营风险。加强与公安等有关部门协调,严厉打击诈骗租赁汽车等犯罪行为,积极帮助汽车租赁企业解决丢车法律责任、租车方交通违法责任认定等实际问题。

七是加强汽车租赁市场监管。各地要加快制订汽车租赁服务质量标准,开展服务质量考核评比工作,逐步形成优胜劣汰的市场机制。加强汽车租赁服务监督,推行汽车租赁示范合同,促进企业诚信规范经营。打击非法从事汽车租赁经营行为,维护合法经营者正当权益。支持行业协会发挥桥梁纽带作用,加强行业自律,为企业提供服务。

3.《湖北省道路运输条例》

《湖北省道路运输条例》作为湖北省交通运输地方法规,对汽车租赁也做了相关规定。《湖北省道路运输条例》第二十八条规定,申请从事汽车租赁经营的企业法人,应当具备下列条件:

(一)有不少于10辆经检测合格的车辆;

(二)停车场面积不少于正常保有租赁汽车垂直投影面积的1.5倍;

(三)有健全的安全生产管理制度;

(四)有相应的专业人员和管理人员。

4.《武汉市道路运输管理规定》(市政府令228号)

《武汉市道路运输管理规定》(市政府令228号)作为武汉市交通运输监管的指导性文件,就汽车租赁有如下要求:

第十一条　道路运输经营者应当加强对营运车辆的管理，并遵守下列规定：

（一）客货运输车辆、教练车、租赁汽车应当依法取得相应的《道路运输证》；

（二）客运车辆、大型物件运输车辆、危险货物运输车辆、租赁汽车按照规定安装和使用具有记录行驶轨迹功能的卫星定位设施设备，并与全市道路运输车载系统监控平台实时连通；

（三）客货运输车辆、教练车按照规定设置标志，客运车辆在规定位置放置客运标志牌，危险货物运输车辆按照规定设置标志灯（牌）；

（四）定期对客货运输车辆、教练车、租赁汽车进行维护，确保车辆符合规定的技术标准、排放标准和燃料消耗量限值标准。

第二节　汽车租赁从业人员相关规定

汽车租赁包括经营管理人员、市场人员、销售人员、客户服务人员、车辆管理人员、行政管理人员、人事管理人员等。人员相关规定需符合《汽车租赁服务规范》（GB/T 29911—2013）和交通运输部职业资格中心发布的

《关于印发汽车租赁员专业能力标准（试行）的通知》（评价综字〔2011〕10号）文件相关要求。

一、《汽车租赁服务规范》（GB/T 29911—2013）人员要求

《汽车租赁服务规范》（GB/T 29911—2013）中第7条规定了汽车租赁服务人员要求，具体为：

7　汽车租赁服务人员要求

7.1　应经过岗位和职业技能培训并合格。

7.2　应了解基本的机动车维护保养知识。

7.3　应按规定着装，正确佩戴服务标志。

7.4　应精神饱满、举止文明、礼貌待客、规范服务。

7.5　服务用语应规范准确、文明礼貌。提倡使用普通话；可根据承租人要求，使用地方方言或外语。

7.6　热情、耐心回答承租人问题。

7.7　以书面和口头形式向承租人告知其责任和注意事项。

二、《关于印发汽车租赁员专业能力标准（试行）的通知》人员要求

1. 经营管理人员

4　基础知识

4.1　租赁及汽车租赁基础理论知识

4.2　汽车租赁政策法规知识及相关法律诉讼基本程序及技巧

5.3　汽车租赁收益管理

5.3.1　收益管理基础知识。

5.3.2　租金定价中收益管理的应用。

7　汽车租赁经营管理

7.1　日常业务管理

7.1.1　业务程序调整。能够根据各岗位业务工作的需要调整业务程序,保证日程业务顺利进行。

7.1.2　组织机构调整。能够根据经营需要调整组织机构和岗位职责,确保企业经营活动的正常进行。

7.1.3　业务协调。能够协调日常业务及各经营站点的业务,确保汽车租赁网络畅通。

7.2　建立统计分析系统

7.2.1　能够建立及时、准确、全面反映企业经营状况的数据统计系统。

7.2.2　能够根据业务变化调整数据统计系统。

7.2.3　能够编制出租率、租金收入、车辆状况等反映企业经营状况的各类报表。

7.3　经营分析

7.3.1　能够对具体业务项目进行利润分析，提出租金标准、车辆运营时间等经营方案。

7.3.2　能够对企业经营状况进行分析，通过各类经营数据报表了解企业经营状况并预测未来利润。

7.3.3　能够通过计算机业务程序或各类报表掌握业务情况。

7.4　项目决策分析

7.4.1　能够运用目标市场选择的程序、方法对目标市场进行分析。

7.4.2　能够根据目标市场、企业投资和经营战略对企业经营模式进行分析。

7.4.3　能够对目标市场的投资收益进行分析。

7.4.4　掌握企业经营资本的主要融资方式。

2. 市场人员、销售人员

4　基础知识

4.1　租赁及汽车租赁基础理论知识

4.2　汽车租赁政策法规知识及相关法律诉讼基本程序及技巧

5.1　汽车租赁业务软件

5.1.1　使用计算机应具有的相关技能。

5.1.2　汽车租赁业务软件的功能。

5.1.3　使用汽车租赁业务软件处理汽车租赁业务。

5.2　汽车租赁电子商务

5.2.1　汽车租赁电子商务的主要功能。

5.2.2　汽车租赁电子商务的业务需求和流程。

7.5　市场调研和分析

7.5.1　能够制订市场调研策划方案。

7.5.2　能够根据方案组织实施市场调研。

7.5.3　能够对调研数据定性定量分析。

7.5.4　能够编写市场调研报告。

7.6　市场营销

7.6.1　能够根据市场调研结论,策划营销方案。

7.6.2　能够通过实施营销方案保持客户并将潜在客户转变为现实客户。

7.6.3　能够通过市场营销培育潜在租赁市场。

7.7　服务产品设计

7.7.1　能够根据经营分析的结论,制订新增、更新租赁车辆车型、数量计划。

7.7.2　能够结合企业特点、资源,根据市场发展策略和客户需求设计新的服务产品。

7.7.3　能够根据客户需要进行常规服务产品、融资租赁服务产品设计。

7.7.4　能够根据新服务产品调整合同条款。

7.8　价格管理

7.8.1　能够根据出租率、租金标准等营业参数适时核定租金标准，获得最大收益。

7.8.2　能够编制成本预算，预测新服务产品的利润。

7.9　服务质量监督及改进

7.9.1　建立服务质量内部控制标准。

7.9.2　建立并执行服务质量监督。

7.9.3　能够通过客户对服务质量的投诉发现业务程序缺陷并提出修改方案。

7.9.4　能够根据服务质量反馈对汽车租赁业务进行执行层面、制度层面的改进。

7.10　风险评估及控制

7.10.1　能够审核在租合同及承租方情况，对各类风险信息及时作出判断，果断作出处理决定。

7.10.2　能够组织实施风险控制业务。

7.11　法律事务

7.11.1　能够通过法律渠道解决拖欠租金、车辆失控等事宜。

7.11.2　能够审定合同并处理企业其他法律事务。

7.12　以租代卖(融资租赁)业务

7.12.1　能够使用 Excel 计算融资租赁租金,编制租金定额、本金定额两种融资租赁概算书。

7.12.2　能够帮助客户设计融资租赁方案。

7.12.3　能够按照业务程序完成融资租赁业务各业务操作。

7.12.4　能够处理以租代卖、融资租赁与租赁服务转换业务。

3. 客户服务人员

4　基础知识

4.1　租赁及汽车租赁基础理论知识

4.2　汽车租赁政策法规知识及相关法律诉讼基本程序及技巧

5.1　汽车租赁业务软件

5.1.1　使用计算机应具有的相关技能。

5.1.2　汽车租赁业务软件的功能。

5.1.3　使用汽车租赁业务软件处理汽车租赁业务。

5.2　汽车租赁电子商务

5.2.1　汽车租赁电子商务的主要功能。

5.2.2　汽车租赁电子商务的业务需求和流程。

6.1　租车业务

6.1.1　接待客户确定租赁申请。

6.1.2　审核承租方资格。

6.1.3　签订合同。

6.1.4　收取费用。

6.1.5　车辆交接。

6.1.6　终止合同。

6.2　租后服务

6.2.1　救援服务。

6.2.2　替换服务。

6.2.3　保险理赔。

6.3　业务信息收整

6.3.1　客户信息收集整理。

6.3.2　车辆信息收集整理。

6.3.3　合同信息收集整理。

7.9　服务质量监督及改进

7.9.1　建立服务质量内部控制标准。

7.9.2　建立并执行服务质量监督。

7.9.3　能够通过客户对服务质量的投诉发现业务程序缺陷并提出修改方案。

7.9.4　能够根据服务质量反馈对汽车租赁业务进行执行层面、制度层面的改进。

4. 车辆管理人员

4　基础知识

4.1　租赁及汽车租赁基础理论知识

4.2　汽车租赁政策法规知识及相关法律诉讼基本程序及技巧

5.4　租赁车辆风险防范中 GPS 技术的应用

5.4.1　GPS 基础知识。

5.4.2　GPS 在租赁车辆风险防范中的具体应用。

6.4　车务工作

6.4.1　车辆整备维护。

6.4.2　车辆新增、更新。

6.4.3　车辆登记及牌证管理。

5. 行政、人事、财务等其他人员

行政、人事、财务等其他人员除了满足其岗位基本要求之外,还有以下要求:

4　基础知识

4.1　租赁及汽车租赁基础理论知识

4.2　汽车租赁政策法规知识及相关法律诉讼基本程序及技巧

5.1　汽车租赁业务软件

5.1.1　使用计算机应具有的相关技能。

5.1.2　汽车租赁业务软件的功能。

5.1.3　使用汽车租赁业务软件处理汽车租赁业务。

5.2　汽车租赁电子商务

5.2.1　汽车租赁电子商务的主要功能。

5.2.2　汽车租赁电子商务的业务需求和流程。

第三节　汽车租赁服务质量相关规定

(1)建立汽车租赁经营服务考核评价机制,定期开展服务质量评价,不断改进服务。

(2)汽车租赁经营者应当及时收集和分析承租人对经营服务质量的反馈意见,保证服务质量统计数据和原始记录真实、准确,建立经营服务自我考评机制,不断改进、完善、提高经营服务质量。

(3)行业协会和行政管理机构可依据汽车租赁相关标准,结合交通运输企业安全生产标准化等要求,对汽车租赁经营者实施监管与考评,监管与考评信息应当向社会公示。

(4)汽车租赁经营者应当接受行业考评机构的考核评价意见,根据考评意见进行整改,接受行业管理部门的服务质量信誉考核。

(5)汽车租赁经营者应自觉接受社会监督,按规定设置服务监督机构、公布服务监督电话。接到投诉后,应在24h内处理,10日内处理完毕,并将处理结果告知投诉人。

(6)服务评价指标

①证照齐备率100%。

②消防器材合格率100%。

③车辆维护保养率100%。

④客户有效投诉率小于5%。

⑤客户投诉处理率100%。

⑥客户满意率大于或等于85%。

(7)服务评价指标计算方法

7.1 证照齐备率

车辆证照检查齐备车数与检查总车数之比。按式(7-1)计算:

$$A = B/C \times 100\% \tag{7-1}$$

式中:A——证照齐备率;

B——车辆证照检查齐备车数;

C——检查总车数。

7.2 消防器材合格率

消防器材检查合格车数与检查总车数之比。按式

(7-2)计算：

$$D = E/C \times 100\% \tag{7-2}$$

式中：D——消防器材合格率；

E——消防器材检查合格车数。

7.3　车辆维护保养率

待租状态车辆维护保养检查合格车数与检查总车数之比。按式(7-3)计算：

$$F = G/C \times 100\% \tag{7-3}$$

式中：F——车辆维护保养率；

G——待租状态车辆维修保养检查合格车数。

7.4　客户有效投诉率

客户有效投诉次数与总业务次数之比。按式(7-4)计算：

$$H = I/K \times 100\% \tag{7-4}$$

式中：H——客户有效投诉率；

I——客户有效投诉次数；

K——总业务次数。

7.5　客户投诉处理率

已处理的客户有效投诉次数与客户有效投诉次数总数之比。按式(7-5)计算：

$$L = M/N \times 100\% \tag{7-5}$$

式中：L——客户投诉处理率；

M——已处理的客户有效投诉次数；

N——客户有效投诉次数总数。

7.6　客户满意率

按第三方设计的客户满意率调查问卷，答复满意问卷数量与调查问卷总数之比。按式(7-6)计算：

$$P = Q/R \times 100\% \tag{7-6}$$

式中：P——客户满意率；

Q——答复满意问卷数量；

R——调查问卷总数。

第四节　汽车租赁安全运营相关法规

汽车租赁安全营运需要从汽车租赁经营企业经营许可、异地设立分支机构备案管理、租赁车辆管理、汽车租赁经营管理和承租人信息核查等几个方面侧重管理，具体如下。

一、汽车租赁经营许可

1. 汽车租赁经营许可事项及实施主体

设区的市级道路运输管理机构负责汽车租赁经营

许可。

2. 汽车租赁经营许可条件

申请从事经营汽车租赁业务的，道路运输管理机构应当审查申请人是否具备以下条件：

(1)有与其经营业务相适应的办公场所和停车场地。

(2)自有达到一级技术等级车辆不少于50辆，车辆行驶证件齐全有效，其中客车应当为9座及以下小型客车。

(3)有相应的专业人员和管理人员。

(4)有健全的安全管理制度。

3. 汽车租赁经营许可办理程序

1)要求提供的申请材料

申请从事汽车租赁经营的，道路运输管理机构应当要求申请人提供以下材料：

①《汽车租赁经营申请表》。

②企业章程文本。

③投资人、负责人身份证明及其复印件，经办人的身份证明及其复印件和委托书。

④安全生产管理制度文本。

⑤拟投入车辆承诺书（包括客车数量、车辆类型、品牌型号）；若拟投入车辆属于已购置或者现有的，应提供

机动车行驶证、车辆技术等级评定检测报告及其复印件。

⑥已聘用或者拟聘用管理人员情况表。

⑦经营场所权属证明或合法租用证明。

⑧与车辆数相适应的停车场地权属证明或合法租用证明。

2)申请材料形式审查及处置

道路运输管理机构应当对申请材料的完整性进行以下审核:

①申请材料不齐全或者不符合法定形式的,应当要求申请人当场补全或者更正,当场不能补全或者更正的,应当场或在5个工作日内出具注明日期且加盖道路运输管理机构专用印章的《交通行政许可申请补正通知书》,一次性告知需补正的全部内容。

②申请材料齐全有效的,应出具《交通行政许可申请受理通知书》。

③申请事项依法不属于本级道路运输管理机构职权范围的,应出具《交通行政许可申请不予受理决定书》。

3)现场审查

对已受理的申请,道路运输管理机构应当组织有关人员对申请人从事汽车租赁经营的有关条件和所提供的申请材料的真实性进行实地查验。

4)许可决定

道路运输管理机构对汽车租赁经营申请予以受理的,应当自受理之日起20个工作日内作出许可或者不予许可的决定。

①对符合法定条件的汽车租赁经营申请,作出准予许可决定,出具《汽车租赁经营行政许可决定书》,明确许可事项。许可事项为经营范围、车辆数量及要求。

②对不符合法定条件或市场供求矛盾突出、租赁车辆过剩的,作出不予许可决定,向申请人出具《不予交通行政许可决定书》,并说明理由。

5)《汽车租赁经营许可证》发放

道路运输管理机构在作出行政许可决定后,应当在10个工作日内向被许可人颁发《汽车租赁经营许可证》,并在《汽车租赁经营许可证》上明确许可事项。

6)配发《道路运输证》

汽车租赁经营者按照承诺书的要求投入车辆,符合条件的,道路运输管理机构应当为车辆配发《道路运输证》。

7)督促履行投入车辆承诺

①道路运输管理机构在作出行政许可决定后,应当在10个工作日内对被许可人已购置或者现有的车辆,经

审核符合条件的配发《道路运输证》。

②道路运输管理机构应当督促汽车租赁经营者履行拟投入车辆承诺,汽车租赁企业应当在取得《汽车租赁经营许可证》之日起 180 日内按照拟投入车辆承诺书的要求,投入租赁车辆。

道路运输管理机构应当根据汽车租赁经营者提交的机动车行驶证、车辆技术等级评定检测报告及其复印件等材料,当场或在 5 个工作日内对材料进行审核,符合条件的配发《道路运输证》。

③汽车租赁经营者超过 180 日不按拟投入车辆承诺书要求投入租赁车辆的,视为自动终止经营,原许可的道路运输管理机构应注销其经营许可,并收回《汽车租赁经营许可证》及已配发的《道路运输证》。

4. 汽车租赁经营许可事项变更备案

1)备案办理程序

汽车租赁经营者变更法定代表人、名称、经营地址等许可事项,以及两个及以上汽车租赁经营者兼并、重组的应当向作出原许可决定的道路运输管理机构备案。

道路运输管理机构应当要求备案申请人提供备案材料,并对提供的材料当场或在 5 个工作日内进行审核,符合要求的予以备案,出具备案证明。变更相关许可事项重新换发《汽车租赁经营许可证》、《道路运输证》，并收回原证件。

2）要求备案申请人提供的备案材料

（1）法定代表人变更备案材料。

①变更申请书。

②企业变更法定代表人报告（包括董事会决议、上级单位任免决定等）。

③工商营业执照复印件。

④《汽车租赁经营许可证》正副本。

（2）名称变更备案材料。

①变更申请书。

②企业名称（变更）预先核准通知书复印件。

③工商营业执照复印件。

④所有车辆《道路运输证》。

⑤《汽车租赁经营许可证》正副本。

（3）经营地址变更备案材料。

①变更申请书。

②需变更的经营场所权属证明或合法租用证明。

③变更后与车辆数相适应的停车场地权属证明或合法租用证明。

④《汽车租赁经营许可证》正副本。

(4)汽车租赁经营者兼并、重组备案材料。

①兼并、重组备案申请书。

②产权交易或股权变更证明材料复印件。

③兼并、重组后的企业章程文本。

④兼并、重组后的企业管理人员情况表。

⑤兼并、重组后的企业车辆清册。

⑥兼并、重组后的企业经营场所权属证明或合法租用证明。

⑦兼并、重组后的与车辆数相适应的停车场地权属证明或合法租用证明。

⑧兼并、重组后企业安全管理制度文本。

⑨工商营业执照复印件。

⑩原《汽车租赁经营许可证》正副本。

5. 注销汽车租赁经营许可

1)注销办理程序

汽车租赁经营者注销汽车租赁经营许可的,应当在30 日内向作出原许可决定的道路运输管理机构提出注销申请,并按要求提交材料,道路运输管理机构应当场或在5 个工作日内对经营者提供的材料进行审核,符合要求的予以注销,并收回原证件。

2)要求提供的材料

①注销申请书。

②所有车辆《道路运输证》正副本。

③《汽车租赁经营许可证》正副本。

二、异地设立分支机构备案管理

1. 汽车租赁企业异地设立分支机构

(1)自有租赁车辆1000辆以上的汽车租赁经营者，在异地设置分支机构的，应当到设立地设区的市级道路运输管理机构备案。

(2)自有租赁车辆1000辆以下的汽车租赁经营者，在异地设立分支机构的，应当向设立地设区的市级道路运输管理机构提出申请，道路运输管理机构应当按照汽车租赁经营许可办理。

2. 异地设立分支机构备案材料

自有租赁车辆1000辆以上的汽车租赁经营者，向异地设区的市级道路运输管理机构办理设置分支机构备案的，道路运输管理机构应当要求该汽车租赁经营者提供以下材料：

(1)汽车租赁企业设立分支机构的报告。

(2)上级企业《工商营业执照》、《汽车租赁经营许可证》复印件。

(3)1000 辆以上自有租赁车辆清册及证明(包括《车辆行驶证》、《道路运输证》复印件)。

(4)分支机构设立地的经营场所和停车场地权属证明或合法租用证明。

(5)分支机构安全生产管理制度文本。

(6)分支机构已聘用或者拟聘用管理人员情况表。

3. 异地设立分支机构备案办理程序

(1)道路运输管理机构自接到汽车租赁经营者设立分支机构备案申请后,应当在 20 个工作日内对申请人提供的材料进行审核,并向该汽车租赁经营者原许可地的道路运输管理机构核实。

(2)经核实,申请人所提供的备案材料属实,且符合从事汽车租赁经营活动条件的,道路运输管理机构应当进行备案,出具备案证明,向汽车租赁企业分支机构核发《汽车租赁经营许可证》副本。函告汽车租赁企业原许可地的道路运输管理机构。

(3)经备案的分支机构需在设立地购置租赁车辆的,原备案的道路运输管理机构应按照租赁车辆管理规范配发《道路运输证》。

4. 其他规定

省级人民政府已制定区域机动车总量控制相关规

定，实施租赁车辆数量调控措施的，设立分支机构备案管理规范由省级交通运输主管部门另行制定。

三、租赁车辆管理

1. 租赁车辆技术管理

道路运输管理机构应当督促汽车租赁经营者建立车辆技术管理制度，按照《汽车维护、检测、诊断技术规范》（GB/T 18344—2001）等有关技术标准和汽车使用说明书的规定对租赁车辆进行定期维护，确保租赁车辆技术状况良好。

2. 租赁车辆异动

1）新增租赁车辆

（1）办理流程。

①汽车租赁经营者需新增租赁车辆的，应到原许可的道路运输管理机构提出申请并按照要求提供有关材料。

②道路运输机构应 10 个工作日内，对申请人提供的材料进行审核，符合条件的作出准予决定，并配发《道路运输证》。

③对不符合条件或市场供求矛盾突出、租赁车辆过剩的，作出不准予决定，并说明理由。

(2)要求提供的材料。

①新增租赁车辆申请报告。

②机动车行驶证及其复印件。

③车辆技术等级评定检测报告及其复印件。

(3)其他规定。

省级人民政府已制定区域机动车总量控制相关规定,实施租赁车辆数量调控措施的,新增租赁车办理规定由省级交通运输主管部门另行制定。

2)更新租赁车辆

(1)办理流程。

①汽车租赁经营者更新租赁车辆的,应在车辆更新后的10日内到原许可道路运输管理机构办理《道路运输证》换证事项,并按照要求提供相关材料。

②道路运输机构应在10个工作日内,对申请人提供的材料进行审核,符合条件的作出准予决定,收回原《租赁车辆营运证》,换发《道路运输证》。

③对不符合条件的作出不准予决定,并说明理由。

(2)要求提供的材料。

①更新租赁车辆申请报告。

②机动车行驶证及其复印件。

③车辆技术等级评定检测报告及其复印件。

④原《道路运输证》。

3)租赁车辆过户

(1)办理流程。

①两个及以上汽车租赁经营者兼并、重组已在公安机关办理车辆过户的,已在道路运输管理机构备案申领《汽车租赁经营许可证》的,应在10日内到原许可的道路运输管理机构办理变更《道路运输证》相关事项。

②道路运输机构应当场或在5个工作日内,对申请人提供的材料进行审核,符合条件的作出准予决定,收回原《道路运输证》,换发《道路运输证》。

③对不符合条件的作出不准予决定,并说明理由。

(2)要求提供的材料。

①租赁车辆过户申请报告。

②《汽车租赁经营许可证》复印件。

③需过户的租赁车辆清册、行驶证复印件及原《道路运输证》正副本。

3.租赁车辆档案管理

(1)道路运输管理机构应督促汽车租赁经营者建立租赁车辆技术档案。

(2)租赁车辆技术档案应当包括以下内容:

①车辆基本情况,包括机动车行驶证、《道路运输证》

复印件及车辆照片、车辆投保证明。

②主要部件更换情况。

③修理和维护保养记录(含出厂合格证)。

④技术等级评定记录。

⑤车辆变更记录。

⑥行驶里程记录。

⑦交通事故记录。

⑧其他按规定要求归档的资料。

四、汽车租赁经营管理

1.汽车租赁市场管理

道路运输管理机构应当加强对汽车租赁市场的监管,打击非法经营,规范经营行为。

(1)依法查处违反汽车租赁经营许可的行为。

(2)依法查处违反汽车租赁经营规范的行为。

(3)依法查处违反租赁车辆管理规定的行为。

2.汽车租赁门店管理

道路运输管理机构应当督促汽车租赁经营者按照规范设置门店,并加强日常管理。

汽车租赁门店设置应具备下列条件:

(1)汽车租赁门店应符合《公共交通等候室卫生标

准》(GB 9672—1996)的规定。

(2)汽车租赁门店应有明显标识。

(3)汽车租赁门店内应公示服务项目、价目、租车手续、服务承诺和监督投诉等内容。

(4)车辆交接区域至少具备1个停车位面积。

3.汽车租赁企业质量信誉考核

1)质量信誉考核时间

设区的市级道路运输管理机构每年度应当对汽车租赁企业实行质量信誉考核,考核周期为每年的1月1日至12月31日,考核工作应当在考核周期次年的3月至6月进行。

2)质量信誉考核程序

(1)质量信誉考核资料的申报。

汽车租赁企业应当在每年的3月底前对本企业上年度的质量信誉情况进行总结。道路运输管理机构应要求汽车租赁企业如实提供下列资料:

①企业基本情况,包括分公司名称、注册地,上年度末企业在册的营运客车数量等。

②安全生产情况,包括交通责任事故次数、死亡人数及后果、事故责任认定书等。

③违法行为情况,包括违章记录次数等。

④服务质量情况,包括客户及其他相关人投诉,媒体曝光、核查处理和整改等情况。

⑤完成政府指令性供车任务的情况。

⑥发生不稳定事件的情况。

⑦租赁车辆安装、使用 GPS 和行车记录仪等设备的情况。

⑧企业获得省、部级以上表彰的情况。

在异地设立分支机构的汽车租赁企业,在提交材料时应当提供分支机构所在地道路运输管理机构出具的分支机构质量信誉情况。许可或备案分支机构的所在地道路运输管理机构应当对所出具的分支机构质量信誉确定结果负责。

(2)质量信誉考核初评。

道路运输管理机构应当采取核对有关管理档案、现场查验等方式,对汽车租赁企业提供的材料真实性进行核查,并对照质量信誉考核标准及计分办法进行考核评分,提出初评结论。

(3)公示及评定。

①初评结束后,道路运输管理机构将各指标考核情况和所得分数、初评结果书面通知被考核汽车租赁企业,并在当地媒体或本机构网站上进行为期 10 日的公示。

②被考核企业或者其他单位、个人对公示结果有异议的，可在公示期间向作出公示的道路运输管理机构书面申诉或举报。

③公示结束后，道路运输管理机构应当对申诉和举报情况进行核实，并根据核实的情况对企业的质量信誉等级进行评定，并将评定结论报省级道路运输管理机构。

(4)公告。

①省级道路运输管理机构对汽车租赁企业质量信誉考核结果进行核查后，于6月30日前在本机构网站或交通运输主管部门网站上公布上一年度汽车租赁企业质量信誉考核结果。

②汽车租赁企业质量信誉等级分为优良、合格、基本合格和不合格，分别用AAA级、AA级、A级和B级表示。

4.汽车租赁经营者业户档案管理

道路运输管理机构作出许可决定后，应当建立汽车租赁业户管理档案。业户档案具体应包括以下内容：

(1)《汽车租赁经营申请表》。

(2)企业章程文本。

(3)投资人、负责人身份证明复印件，经办人的身份证复印件和委托书。

(4)《工商营业执照》、《税务登记证》复印件。

(5)《汽车租赁经营许可证》复印件。

(6)安全生产管理制度文本。

(7)已购置或现有车辆的数量、车辆类型、品牌型号明细表。

(8)已购置或现有车辆的机动车行驶证、《道路运输证》复印件。

(9)已聘用或者拟聘用管理人员情况表。

(10)需补全或更正许可申请材料的,存档《交通行政许可申请补正通知书》。

(11)《交通行政许可受理通知书》。

(12)道路运输管理机构许可材料审核意见。

(13)《汽车租赁行政许可决定书》。

(14)行政许可文书(证件)送达回证。

(15)汽车租赁企业质量信誉考核资料。

(16)许可变更备案、终止经营资料、行政许可的其他流程文书。

(17)其他存档材料。

五、承租人信息核查

1. 承租人定义

承租人是指向汽车租赁经营者租赁汽车,按照合同约定使用车辆并支付费用的单位或个人。

2. 承租人责任

①应如实提供身份及信用证明资料。

②应正确使用和妥善保管车辆和随车物品。

③应按照合同约定支付汽车租赁费用和交还车辆。

④不得使用车辆从事违法活动。

⑤不得转卖、抵押、典当、转租、破坏车辆及随车物品。

⑥车辆发生损毁、被盗抢或交通事故等情况时，应及时报案，并通知汽车租赁经营者。

⑦承租人在承租期间发生道路交通违法行为的，应到公安部门接受处理。

第四章　汽车租赁从业人员职业道德与从业要求

第一节　汽车租赁从业人员职业道德

1. 基本准则

(1)公司倡导守法、廉洁、诚实、敬业的职业道德。

(2)员工的一切职务行为必须以维护公司利益,对社会负责为目的。

(3)任何私人理由都不应成为员工职务行为的动机。

(4)恪尽职守,勤奋工作,高质量地完成工作任务。

(5)专精业务知识和技能,提升自身能力,主动参与、积极进取。

(6)遵守社会主义核心价值。

2. 日常行为

(1)员工应礼貌待客、举止得体,同事之间和睦相处。

(2)礼貌地对待客户及来访者,与客人交谈应态度和蔼,注意使用礼貌用语,禁止工作时言语粗鲁。

(3)对客人提出的询问和要求要耐心解答,解答不了的问题,应及时请示汇报。

(4)与客人相遇,要主动让路;与客人同行,应礼让客人先行。

(5)员工应注重仪表整洁:

①员工的指甲必须修理好并保持清洁。

②男性员工不得穿拖鞋、短裤上班。

③女性员工不得穿超短裙、短裤、吊带衫、拖鞋上班。

④男性员工不得佩戴耳环,女性员工佩带的耳环两侧须一致。

⑤男性员工不得留长发,不得染发,女性员工不得漂染鲜艳的头发颜色。

3. 行为授权

(1)层级管埋制:员工必须执行其直接上级和上级特殊授权者的命令,员工可以越级上诉,但一般不可越级汇报。

(2)分工负责制:员工按照分工对自己分担的业务承担全面责任。

(3)责利连带制:员工与其直接上级的责任、利益连带生效。

(4)民主参与制:员工对本部门的经营与管理,均拥有建议权,其建议均应获得尊重。

(5)友好协作制:公司部门之间应加强协作。因拒绝协作而产生损失,拒绝协作人或部门应承担相应责任。各部门之间、各岗位之间应密切配合,真诚合作,协力解决疑难问题,遇事不相互推诿。

(6)特殊授权制:公司授权于每一位员工均有制止、检举任何场所、任何个人有损害公司利益的现象的权利。

4. 职业道德

(1)不论是销售公司产品或提供服务,或是向供应商购买产品或服务,应完全以品质、价格与服务为决策的依据,不得给予或接受个别客户或客户代表相关的报酬、赠品或其他特殊待遇。

(2)员工在与业务关联单位的交往中,应坚持合法、正当的职业道德准则,反对以贿赂及其他不道德的手段取得利益。未经所在单位负责人书面批准,也不得在有可能存在利益冲突的业务关联单位安排亲属、接受劳务或技术服务。

(3)员工不得利用内幕消息,在损害公司利益或者处于比公司以外人士较为有利的情况下谋取个人利益。

(4)员工不得挪用公款谋取个人利益或为他人谋取利益。

(5)员工对外业务联系活动中,如业务关联单位按规定合法地给回扣、佣金的，一律上缴公司作为营业外收入或冲减成本；个人侵吞的，以贪污论。

(6)员工在与业务关联单位的联系过程中，对超出正常业务联系所需要的交际活动，应谢绝参加。

(7)违反公司职业道德相关规定，视情节严重参照违纪行为惩处程序进行处理。

5. 保密要求

(1)凡属于公司机密的文件、资料、技术、工艺、财务状况及销售情况、参数、图纸及有关信息资料，除办公室备案外，未经总经理批准，任何人不得私自复印、传抄、外传。

(2)公司个人电脑均由本人负责，其他任何人员在未经上级主管/经理许可及批准下不得擅自使用。

(3)公司给予每个在职员工一个固定的工作用企业邮箱，并记录姓名，此邮箱的使用权利仅限于员工本人，员工不得因任何理由借给他人使用，公司默认为该邮箱的收发邮件均由本人操作，若因邮箱使用、收发邮件所引起的争议均由员工本人承担法律责任。

(4)公司未公布的所有人事变动(升、降、撤、调职等)，参加研究人员、文件打印员均不得泄露，以防止引起人事混乱，给公司造成不良后果。

(5)人力资源部门负责对新入职员工进行保密知识培训,对岗位特殊的应在《岗位说明书》明确保密责任,并签订《保密协议》。

(6)各部门负责人应对所属员工进行保密教育,并定期检查保密工作,部门因失职或管理不善造成泄密的,部门负责人承担连带责任。

(7)任何员工发现公司秘密已经泄露或者可能泄露时,应当立即采取补救措施并及时报告总经办;总经办接到报告,应立即作出处理。

(8)违反保密规定,视情节严重参照违纪行为惩处程序进行处理;涉及公司《竞业保密协议》,按协议有关条款执行。

6. 公司视为需要保守秘密的事项

(1)公司重大决策中的秘密事项。

(2)公司尚未付诸实施的经营战略、经营方向、经营规划及经营决策。

(3)公司内部掌握的合同、协议、意见书及可行性报告、主要会议记录。

(4)公司财务预决算报告及各类财务报表、统计报表。

(5)公司所掌握的尚未进入市场或尚未公开的各类

信息。

(6)公司员工人事档案,工资性、劳务性收入及资料。

(7)其他经公司确定应当保密的事项及对外承担保密义务的事项。

7. 遵守从业禁止规定

(1)员工不得超越本职业务和职权范围,开展经营活动或投资业务。

(2)员工除本职工作外,未经公司法人代表授权或批准,不能以公司名义考察、谈判、签约,提供担保、证明,对新闻媒介发表意见、消息,代表公司出席公众活动,私借公司印章。

(3)员工在为公司服务期间不得在其他任何公司或机构从事兼职或专职工作,如有以下情形,拒不改止的,公司有权立即辞退该员工。

①员工未经公司书面批准,在外兼任获取薪金的工作。

②利用公司的资源和工作时间从事兼任的工作。

③兼职于公司的业务关联单位或者商业竞争对手。

④影响本职工作或有损公司形象的兼职。

⑤本人或以直系亲属之名参与经营管理的个人投资。

⑥本人或以直系亲属之名投资于公司客户或商业竞争对手的。

⑦本人或以直系亲属之名利用职务之便向投资对象提供利益的。

8. 保护公司资产

(1)员工未经批准,不准将公司的资金、车辆、设备、房产、原材料、产品等擅自赠予、转让、出租、出借、抵押给其他公司、单位或者个人。

(2)员工对因工作需要可使用的交通工具、办公设备、通信设备等,不准作不适当之用途。

9. 公司明确员工行为规范与禁止的行为,以提高工作效率、降低生产成本,纠正违纪违规行为,增强公司防范风险能力。公司在行为纪律管理过程中遵从以下4个原则

(1)规范引导原则,明确员工行为准则,界定违纪行为标准,避免不必要的争议。

(2)罚教结合原则,对员工违纪行为,坚持以思想教育为主、惩罚为辅的原则。

(3)事实依据原则,对员工违纪行为应在查清事实的基础上处理,员工对公司的处罚决定享有陈述申辩,要求复查的权利。

(4)流程合法原则，制度合法的情况下对违纪行为定性准确，尊重隐私的情况下对处理方式结果公开。

10. 轻微行为过失，包括但并不限于以下行为

(1)随地吐痰，乱丢弃废物，破坏环境卫生者。

(2)在公司墙壁及其他任何地方乱涂乱画者。

(3)怠慢工作场所的整理清扫，再次的提醒也不能令其改善者。

(4)在非指定场所外吸烟者。

(5)在工作时间谈天、嬉戏或从事规定以外之工作者。

(6)对同事或他人无礼、粗鲁、狂暴，不注意文明礼貌者，严重影响他人情绪者。

(7)在工作时间内处理私人事务者。

(8)妨碍工作或公司秩序，情节轻微者。

(9)发现失物，未将物品交给有关部门，情节轻微者。

(10)发现公司物品被偷或设备被破坏，发生交通事故或发现车辆有损坏的现象，不及时上报者。

(11)未经允许私自进入领导办公室翻阅文件者。

(12)未经许可随便使用公司的设施、设备、物品者。

(13)工作时间内未经所属部门领导许可会见第三人，或者无正当理由离开公司或擅自离开工作岗位者。

(14)1个月内迟到或无故早退2次(含)以下者。

(15)初次旷工1天者(含)。

(16)无正当理由不参加公司组织的各项活动及培训者。

(17)多次不按时完成上级布置的工作,工作进度不及时汇报者。

(18)故意拖延办理业务手续、报告或有虚假行为者。

(19)怠工或无正当理由不服从上级指示命令者。

(20)超越职权范围,擅自作出决定或对无关本职事宜随便作答,造成影响和损失者。

(21)检查或监督人员未认真履行职责,情节轻微者。

(22)因过失致工作错误,轻微损失在500元以内者。

(23)违反公司信息方针、安全环境维护警告措施者。

(24)擅自移动、动用消防器材、设施或改作他用者。

(25)出入公司不遵守规定或携带物品出入公司,而不主动配合管理人员查询者。

(26)未按安全防护规定佩戴规定防护物品者。

(27)未按安全操作规定违章操作,但未造成安全事故发生者。

(28)未按工艺文件、作业指导书或工艺规定的要求进行操作,但未造成批量返工者。

(29)因人为差错造成非批量产品质量不合格者。

(30)包庇、纵容违纪行为者。

(31)由于不妥当的行为有损公司名誉及信誉者。

(32)其他违反公司制度规定者。

11.行为过失

(1)在工作场所喧哗、嬉戏、吵闹妨碍他人工作,造成损失者。

(2)放肆、冒犯粗暴的行为言语,辱骂同事造成严重人格侮辱者。

(3)带酒气或搅乱工作秩序及有搅乱工作秩序之嫌者。

(4)在工作时间内睡觉尚未造成损失者。

(5)在工作时间使用手机、MP3等听音乐者。

(6)在工作区内非特别划为吸烟区的地带吸烟者。

(7)在并非公司专门为弃置垃圾或废物而设的地方扔倒垃圾或废物者。

(8)非恶意损毁、涂改重要文件或公物者。

(9)瞒报、涂改或毁坏各类单据、票证、原始记录或账目者。

(10)在发生事故,执行工作出错,或出现损害,浪费或其他事情时没有立即通知直接经理或其他主管经理者。

(11)未经许可拿走公司重要财产,或企图拿走者。

(12)无正当理由,不服从工作调动者。

(13)非人为浪费公物、原物料,损失在501~2000元者。

(14)对公司组织的集体活动不听从指挥故意破坏者。

(15)未经公司许可擅自进行宣传、聚会及其他活动者。

(16)1个月内旷工2天(含)以内者。

(17)上班时间外未得到公司许可进入公司或留在公司者。

(18)对上司指示或有限期之命令不能申述正当理由而未如期完成或造成较大影响者。

(19)拒绝诚意地回答部门经理或管理层所提出的任何合法问题者。

(20)考核不公正,经查明属实者。

(21)无团队合作精神,拒绝与其他员工协作者。

(22)检查或监督人员未认真执行职责造成较大损失者。

(23)对安全卫生有危害者。

(24)疏忽与安全、卫生和工作区管理有关的守则和指示的相关行为者。

(25)屡犯(2 次以上,含 2 次)轻微行为过失者。

(26)其他违反公司规定,情节严重者。

12. 重大行为过失

(1)因打架争吵等搅乱工作场所的秩序者。

(2)在上班时间打瞌睡,睡觉者。

(3)在工作场所使用电脑玩游戏者。

(4)在工作场所喝酒者。

(5)在工作场所进行赌博活动者。

(6)对同事恶意攻击或诬告、伪证,制造事端者。

(7)造谣生事或散播谣言情节轻微者。

(8)未经允许在公司区内胡乱散发传单、文件、请愿书或张贴标语者。

(9)在公司工作时间内包括在公司外和工作时间外就公司有关的情况向其他员工或其他与公司有关的人员进行恐吓或以任何方式进行威胁或使用强迫手段者。

(10)伪造出勤记录,捏造事实骗取休假者。

(11)累计旷工 3 日者。

(12)拒绝听从主管人员指挥、监督,经劝导仍不服从者。

(13)当主管提出任何与公司、公司经营或调查工作出勤等有关的正当问题时,或员工在要求休假、福利等情况下作出虚假、不完整或误导的说明,或提供不真实的材料者。

(14)未经许可动用公司的金钱或资金者。

(15)捡拾公司或他人财物匿而不报据为己有者。

(16)盗窃公司或同事财物,经查明属实情节轻微者。

(17)对公司财物、名誉有妨害者。

(18)投机取巧取得非法利益情节轻微者。

(19)遇非常事变故意回避者。

(20)严重疏忽有关公司行为准则、商业道德的。

(21)未经许可,兼任其他职务或兼营与本公司同类业务者。

(22)遗失保管之重要文书、机件、配件、物品或工具者。

(23)泄露技术、业务上之秘密,但尚未造成公司损失者。

(24)未向上司主管报备,接受往来客户之邀宴或馈赠者。

(25)利用公司名义在外招摇撞骗,使公司名誉受损。

(26)未经公司允许擅自向传播媒体透露有关公司机

密情节轻微者。

(27)检查或监督人员未认真执行职责,试图掩饰其他员工所犯的行为过失或过错,予以姑息且不加呈报或提供不真实的情况者。

(28)非蓄意但破坏或损害公司之财产、器材、原材物料浪费、损失2001~5000元者。

(29)行为不法或越轨者。

(30)携带危险品进公司或工作场所尚未造成伤害者。

(31)未经许可擅自带领或擅准外人进入厂区参观者。

(32)因疏忽致机器设备或物品材料遭受损害或伤及他人者。

(33)接获警告记过后再次违反安全规定、措施者。

(34)违反国家法律法规但情节轻微者。

(35)屡犯(2次以上,含2次)行为过失者。

(36)其他违反公司规定,情节重大者。

13. 严重触犯法纪

(1)工作时间在工作场所制造私人物品营利者。

(2)工作时间在工作场所从事非公司的网上业务者,如淘宝网等。

(3)利用公司名义在外招摇撞骗者情节严重者。

(4)盗窃公司或同事财物,经查明属实者。

(5)对同事使用暴力、威胁或恫吓情节严重者。

(6)对公司主管人员及家属、代理人亲自或委托他人实施暴行或有侮辱行为者。

(7)造谣生事或散播谣言情节重大者。

(8)在公司或网络张贴、散发煽动性反党、反国、反司的文字或图片者。

(9)聚众要挟者、有怠工、罢工或有煽动怠工、罢工行为者。

(10)相互打架斗殴者。

(11)公司厂区内赌博者造成恶劣影响者。

(12)未依法定程序擅自或教唆他人罢工怠工者。

(13)擅离工作岗位,致使公司蒙受重大损失者。.

(14)用带有煽动性的言论,妨害公司正常生产经营活动者。

(15)未经允许擅自在公司内集会、宣传、妨碍公司工作秩序或经营活动者。

(16)不通过正常渠道反映问题而采取极端行为而使事件扩大者。

(17)伪造出勤、加班记录以诈领工资、加班费者。

（18）伪造个人资料、信息、票据获取报酬者。

（19）伪造经历，或用其他不正当的方法受雇者。

（20）无故连续旷工3日或累计旷工达5日者。

（21）拒绝主管人员指挥、监督经劝导，仍不听从而情节重大者。

（22）不服从工作调动，未书面提出异议，在接到调动通知后未按时到岗者。

（23）工作中服务质量差，经查实的客户投诉1个月2次以上者，或1年内5次以上者。

（24）应当由本人签字确认的各项规章制度拒绝签字或由别人代签者。

（25）负有劳动合同、制度等档案保管人造成档案丢失者。

（26）应主动提醒公司签字他人、本人劳动合同而未提醒，造成严重后果者。

（27）职工若在非工作时间兼职，在兼职前未向公司进行登记并作出说明者。

（28）超越公司授权或审批，擅自开展业务者。

（29）侵占公有财物者。

（30）使公司财物、名誉受损者。

（31）利用职务便利，收受贿赂的，收取、索要回扣、手续费者。

(32)直接或间接与公司往来客户挪用借款者。

(33)严重违反有关公司行为准则、商业道德及营私舞弊情节严重者。

(34)本身或教唆他人利用职权图谋不法利益情节严重者。

(35)擅自向传播媒体透露有关公司机密,致使公司遭受严重损失者。

(36)向无权获得公司人事、财务或销售情况的单位及人员提供或泄露相关信息,使公司造成损失者。

(37)未经公司许可擅自向外人出示公司文件、账簿、专有技术以及其他保密性物品,使公司造成损失者。

(38)职工无正当理由,向他人(包括但不限于其他职工),公然或非公然地泄露、披露职工本人或其他职工的工资金额、构成及其他待遇者,向其他职工询问工资金额、构成及其他待遇者。

(39)蓄意破坏或损毁公司之财产、器材、原料者。

(40)因玩忽职守或不遵守操作程序有违工作规范,擅自变更工作方法致使公司蒙受损失 5000 元以上者。

(41)因故意或因重大过失丢失或有损公司建筑、器具、机械及其他物品者。

(42)作虚假报告者;或庇护他人错误,作出伪证者。

(43)仿冒领导签字或擅自盖用公司印鉴者。

(44)私自使用公司钱财,或不正当使用者。

(45)由于故意或重大过失,泄露业务机密,或企图泄露者。

(46)由于故意或重大过失,明显有损公司信誉者或经济利益者。

(47)未经许可擅带外人,进入本公司业务机密之工作场所参观者。

(48)违反安全、卫生管理规定措施,致使公司蒙受损失 5000 元以上者。

(49)在公司内吸烟,引火致引发火灾者。

(50)在公司或厂区内危害公共安全者。

(51)携带法定违禁品进入公司或造成伤害者。

(52)未经许可乱动安全设施,警报信息者。

(53)未经许可乱动设备、工具、车辆等造成危险者。

(54)违背一般道理常理,有伤风化,影响公司声誉者。

(55)被劳动教养者。

(56)有渎职行为或盗窃行为者。

(57)违法乱纪被公安、司法机关拘留者。

(58)在接获最后警告信后,或被处罚后仍然犯有任何行为过失者。

(59)其他比照上述条款的其他方面严重触犯法纪的行为者。

(60)严重违反国家法律,法规方面的有关规定。

14. 公司管理部门可从日常行为、履行职责、出勤管理、安全卫生管理等方面进行判断员工的过失行为,员工可以直接向总经理或人力资源部报告违纪行为,人力资源部在采取违纪处分前应确认事实并准许员工就有关事件进行解释

(1)员工除警告处分外均需总经理签署批准,处分以文件形式公示并由人力资源部记入员工档案。

(2)认为公司处罚不当的员工,可以在接到处罚通知之日起3个工作日内向人力资源部提起申诉,申诉期间,暂缓执行处罚。

(3)处理员工违纪行为的期限,从证实员工犯错误之日起,辞退处分不得超过3个月,其他处分不得超过2个月。

第二节　汽车租赁从业人员从业要求

(1)应经过岗位和职业技能培训并合格。

(2)应了解基本的机动车维护保养知识。

(3)应按规定着装,正确佩戴服务标志。

(4)应精神饱满、举止文明、礼貌待客、规范服务。

(5)服务用语应规范准确、文明礼貌。提倡使用普通话;可根据承租人要求,使用地方方言或外语。

(6)热情、耐心回答承租人问题。

(7)以书面和口头形式向承租人告知其责任和注意事项。

第五章　汽车租赁服务流程

由于短期汽车租赁与长期汽车租赁服务对象、服务要求有着显著差异,业务流程也存在明显不同。短期租赁服务主要面向社会公众,需要在汽车租赁门店进行交车、还车等手续,业务流程环节较多,手续较为复杂。长期租赁业务主要面对单位客户,通过商务谈判和商务招标形式来确定租用车辆的价格、租期、车型、付款方式及相关服务等内容,业务流程相对简单。

短期汽车租赁业务主要包括交车前业务和交车后业务等。交车前业务包括预订、门店客户接待、验车、合同签订、交车,交车后业务包括收车、违章处理。此外,为提高汽车租赁服务水平,汽车租赁经营者还提供车辆保险、车辆救援、车辆维护、服务跟踪等。

短期汽车租赁基本业务流程见图5-1,主要包括以下内容:

(1)客户接待。客户到达门店后,汽车租赁经营者对客户进行接待,提供租车或其他业务服务。

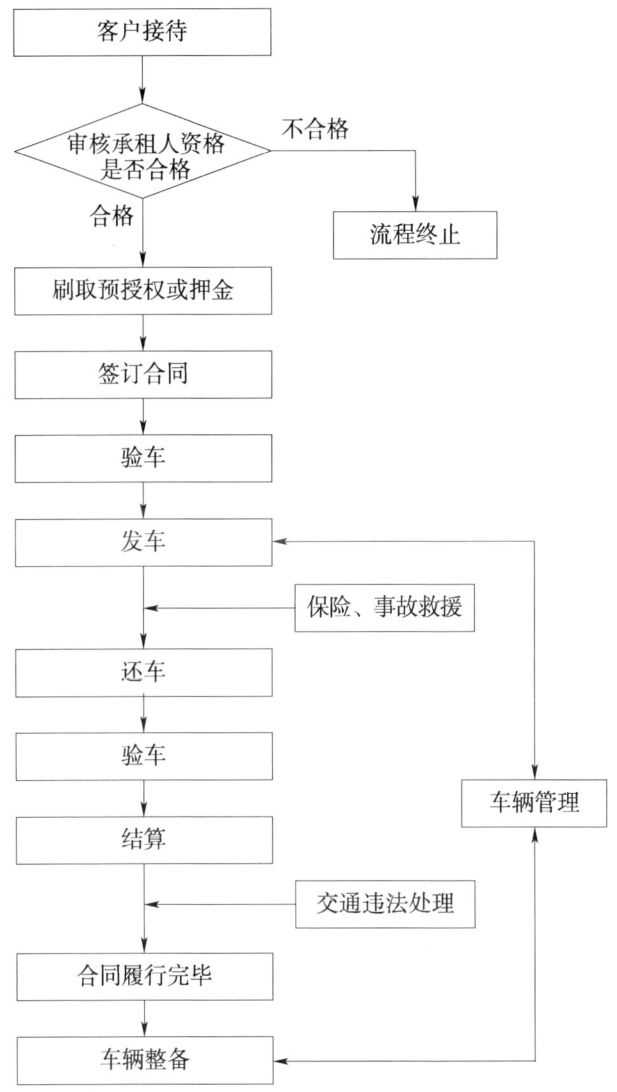

图 5-1　短期汽车租赁基本业务流程

(2)证件审核。对于需要租车的客户,需要承租人提供其身份证等证件,并对证件进行审核。如证件不符合要求,或者审核未通过,则不予受理业务。

(3)收取押金。如承租人身份证等证件审核通过,承租人则需要通过信用卡授权或现金的方式缴纳押金。

(4)签订合同。在签订租车合同过程中,汽车租赁经营者要向承租人详细解释合同条款,承租人表示无异议之后,双方签字,然后租车合同成立。

(5)验车提车。合同签订完毕,汽车租赁经营者将承租人带至停车点验车,说明其车辆整备状况,并询问是否需要其他增值服务。租赁汽车检查无误后,承租人可将车开走。租车期间,如果遇到事故等问题,汽车租赁经营者可提供保险、事故救援等服务。

(6)车辆归还。租约到期时,承租人将承租的车辆开至汽车租赁门店,汽车租赁经营者对车辆进行检查,查看车辆是否完好。汽车租赁经营者在确认车辆完好后,办理还车手续。如车辆检查时承租双方对车辆状况存在分歧,则应根据合同规定进行商榷。

(7)交通违法处理。在验车完毕之后,还要根据合同规定查询该车辆租赁期间是否有违法记录,如果没有违法信息,则退还承租人保证金或者解除信用卡预授权。

如租赁车辆有违法信息的，汽车租赁经营者通知承租人，并在信用卡预授权或保证金中扣除罚款。

(8)收取费用。根据合同约定收取车辆租赁费用，并按客户要求开具发票，至此，租车合同履行完毕。

(9)车辆整备。汽车租赁企业收回车辆后，对车辆进行保洁、加油、维护等整备工作，保持车辆技术状况良好。

第一节　短期汽车租赁服务

一、预订

汽车租赁预订是承租人事先向汽车租赁经营者通过电话、网络、门店登记等方式提出的租车约定，是承租人表达租车意愿并使汽车租赁经营者获得需求信息的途径。汽车租赁经营者根据客户预订情况，提前开展租赁业务的准备工作。

1.预订方式

预订方式是承租人向汽车租赁经营者表达租车意愿的具体途径，可以分为以下四种：

(1)网络预订：可以登录汽车租赁经营者网站，选择租赁车辆、确定租赁时间，这是目前汽车租赁的主要预订方式。

(2)手机客户端预订:随着智能手机的普及,许多汽车租赁公司纷纷推出手机客户服务端,客户可以通过下载安装客户端,通过手机进行预订。

(3)电话预订:许多汽车租赁公司普遍推出免费电话预约服务,客户可以拨打客服电话,通过客户服务中心预订租赁汽车。

(4)门店预订:客户可以直接前往汽车租赁经营者设立的服务门店,预订或者直接办理租赁汽车业务。

2. 预订流程

预订流程是承租人按照汽车租赁经营者提供的预订途径完成汽车租赁预订手续的过程,根据是否需要人员协助,可以分为自助预定和人工预订两种方式,网上预订和手机客户端预订属于自助预订,电话预订和门店预订属于人工协助预订。

1)自助预订

承租人选择自助预订时,主要程序如下:

(1)登录或者注册。要通过手机或电脑登录汽车租赁经营者的网站,注册成为其会员或者直接登录。

(2)确定租车时间地点,要在对应栏目中选择租车、还车的城市以及门店,确定租车还车时间,并确认相关信息。

(3)选择车型及增值服务。承租人根据自身的喜好和汽车租赁门店所能提供的车辆进行车型选择,查看车型的价格以及增值服务等。

(4)阅读服务条款并确认。承租人选择好车型之后点击预订,并且阅读相关服务条款,明确重要信息,确认无误之后,点击确定,完成自助预订过程。

2)电话预订

承租人选择电话预订,主要程序如下:

(1)说明需求。承租人通过电话向服务人员说明自身需求,服务人员根据需求有针对性地介绍车型、价格、保险及增值服务等。

(2)确认租车时间、地点。承租人根据介绍,选择车型以及租车的城市和门店,并告知服务人员取车方式,可选择门店取车和送车上门等方式。

(3)其他事项确认。确定以上信息之后,服务人员将口头告知相关规定和重要的信息,承租人确认无误后,完成电话预订。

3)门店预订

承租人直接前往门店预订时,主要程序如下:

(1)说明需求。承租人直接将租车需求告知营业门店接待人员，接待人员根据需求介绍车型、价格、保险及增值服务等。

(2)选择车辆。承租人可在营业门店停车场直接选择车型，并可查验车辆的实际状况。

(3)其他事项确认。汽车租赁营业门店接待人员应告知承租人相关规定和重要信息。

(4)签订合同。承租人对相关事项确认无异议后，即可直接签订租车合同，完成预订过程。

二、接待

汽车租赁门店是汽车租赁业务开展的主要场所。汽车租赁是汽车租赁门店服务人员对前来咨询、租车的客户提供各类资料、办理租车手续等。汽车租赁门店服务直接面对客户，是客户直接获得汽车租赁经营者产品信息、实际体验汽车租赁服务的最重要途径。良好的门店形象和优质的接待服务，有利于汽车租赁企业塑造品牌、提升形象。有利于汽车租赁业务的开展。国外汽车租赁企业高度重视汽车门店形象，通过颜色选择、形象设计、完善设施等措施，为客户提供优质服和良好体验。

承租人资格主要包括承租人身份信息、驾驶资格信息以及租车资金担保能力等。汽车租赁经营者接受预订后，为保障双方权益，应对承租人资格进行审查验证后方可办理租赁手续。

承租人资格审查，主要是通过对承租人的真实身份、驾驶技能、信用情况的综合评定，确保承租人具备使用租赁汽车的能力和资格，有利于汽车租赁经营者防范和降低经营风险。我国汽车租赁企业在汽车租赁时查验的身份证明主要包括：

（1）对于中国内地公民，可持身份证、户口本或者护照，以及机动车驾驶证办理租赁手续。

（2）对于香港、澳门、台湾地区居民，可持港澳居民来往内地通行证，台湾居民来往大陆通行证以及国内有效的驾驶证件办理租赁手续。

（3）对于外籍承租人，可持护照、有效签证，以及在我国有效驾驶证件办理租赁手续。

（4）对于企事业单位短租客户，可持企事业单位营业执照、法人代码、承办人授权书，承租人身份证件和驾驶证件办理租赁手续。

三、合同签订

汽车租赁合同是明确出租方和承租方在汽车租赁过程中权利、义务关系的协议。汽车租赁合同是承租双方遵循平等、协商的原则订立的，通常采用书面形式订立，一般包括汽车租赁双方信息、租期、租金和违约责任等内容。

1. 出租方权利义务

(1)向承租人提供符合合同要求的租赁汽车及有效证件。

(2)为租赁汽车购买相应的保险。

(3)约定提供租赁汽车维护以及故障维修服务和救援服务。

(4)汽车租赁经营者对承租人的有关信息负有保密义务。

2. 承租人权利义务

(1)如实提供身份及信用证明资料。

(2)正确使用租赁汽车，妥善保管租赁汽车。

(3)承租人因使用不当造成租赁汽车修理的，应承担相应的损失。

(4)发生交通事故、被盗抢等事件时，应立即向公安等部等部门报案并通知汽车租赁企业。

3. 违约责任

1)承租人应承担违约责任的情形

租赁双方应对违约责任及合同解除条款作出约定，

当发生下列情形，承租人应承担违约责任：

（1）因承租人交通违法行为给汽车租赁经营者造成损失的。

（2）恶意提供虚假信息的。

（3）转卖、抵押、质押、转借、典当、转租租赁汽车的。

（4）拖欠租金或其他费用的。

（5）租赁车辆用于从事违法犯罪活动的。

2）出租人应承担违约责任的情形

当发生下列情形时，出租人应承担违约责任：

（1）经专业检测机构认定租赁车辆达不到标准的，且出租方拒绝在准租方要求的合理期限内替换车辆的。

（2）未提供在租期内合法有效的机动车行驶证、年检合格证及保险单复印件等的。

（3）租赁车辆在使用中发生抛锚或故障，出租方未按合同约定尽到救援义务的。

（4）未协助处理在租赁期内的车辆保险事故及车辆维修工作的。

（5）因出租方原因导致车辆未按时交付且未提供替换车的。

四、车辆交付

验车是达成汽车租赁协议前，承租双方共同对租赁车辆的外观、内饰、技术状况进行检查，确认租赁汽车处于良好状态，从而保障承租双方权益的行为。汽车租赁实质是车辆使用权的转移，是由出租人将车辆交由承租人使用。一方面，作为交通工具，租赁汽车在使用过程中，可能发生车辆损坏、配件丢失等情况，造成车辆价值损失，损害出租方利益；另一方面，租赁汽车面向不同承租人，使用者众多，需明确造成车辆损坏的真实责任人，避免损害其他承租人权益。因此，车辆检查是明确车辆状况，分清车辆损坏责任的必要环节。

验车项目一般包括：车辆外观、配备装备、轮胎状况、座椅状况等。汽车租赁门店服务人员根据检查填写验车单。验车单是车辆状况的基本凭证，是包含车辆外观、内饰、装备配备情况等信息的综合单据，是还车时检查车辆状况的依据。验车单应由汽车租赁门店服务人员和承租人共同填写，并签字确认。

五、服务支持

车辆租赁期间，汽车租赁企业为承租人提供税费、保险、维修、配件等服务，从而为承租人提供全方位、一条龙车辆服务，免除承租人维修、保险、配件等后顾之忧，实现投资增值。

六、车辆收回

车辆收回是承租人使用租赁汽车后，将车辆使用权归还给汽车租赁经营者的行为。

租约到期后，承租人将车辆送至汽车租赁门店或事先约定的地点，并持租车合同、证件以及相关单据供出租方查验，同时查询车辆违章信息等。

七、费用结算

根据合同和验车单，汽车租赁门店服务人员和承租人共同对归还的车辆进行检查，如果车辆没有损坏，承租人即可直接办理租金结算业务。如果在检查过程中发现车辆有损坏情况的，汽车租赁门店的技术人员则需要出具具体的损坏鉴定，确定双方的损坏责任。若是由于承租人过错造成损坏的，则根据有关规定与承租人协商确认后，提出赔偿方案，双方若无异议，承租人缴纳赔偿金和租金结算，完成还车业务。

针对交通违法信息处理，除现场处罚外，车辆违法信息发布距离违法实际发生时间存在一定的滞后。对于短期租赁业务，承租人归还车辆完成租赁交易并经过一段时间后，汽车租赁经营者可能查询到租赁汽车有交通违法记录，如未与承租人进行约定，则会因承租人的交通违法行为而给汽车租赁经营者造成损失。因此，对租赁车辆在租赁期间的交通违法处理，也是汽车租赁业务流程中的必要环节，并且应在汽车租赁合同中约定租赁车辆交通违法处理方法。这也是汽车租赁企业降低经营风险的一项具体措施。

租赁车辆交通违法处理的一般操作方法为：在承租人还车后，出租方根据合同发生时间进行交通违章记录查询，如没有交通违法信息，则退还承租人保证金或者解除冻结信用额度；如发现交通违法信息，汽车租赁企业应告知承租人，并在预授权或保证金中扣除与罚款等额的款项。

八、车辆整备

车辆整备是指本次汽车租赁业务结束后至下次租赁业务开始前，对租赁汽车进行清洁、整理及检查，使租赁汽车符合车辆技术要求、保持车况良好的业务活动。车辆整备是开展汽车租赁业务的基础性工作，是使租赁汽车保持清洁、安全、技术状况良好的保障，是为承租人提供更好的汽车租赁服务的前提。

第二节　长期汽车租赁服务

长期汽车租赁业务与短期汽车租赁业务流程内容虽然差别不大，但是，在具体操作层面和流程细节上还存在着较大的差别。差异主要表现在获取客户渠道、合同签订流程以及租金支付等方面。短期汽车租赁业务提供的是一种标准化的作业流程，而长期汽车租赁业务的流程则更加灵活。长期汽车租赁业务主要包括汽车租赁合同签署前业务和汽车租赁合同签署后业务，具体包括：联络客户、公开招投标、合同签订、车辆采购及整备交付、租后服务、租金支付，合同履行完毕。

一、汽车租赁合同签署前业务

1. 目标客户选择

与短期汽车租赁服务对象主要是个人用户不同，长期汽车租赁主要面向的是企业、政府及事业单位。汽车租赁经营者通过主动上门与有需求的客户联络、沟通，了解目标客户的需求。

2. 投标

汽车租赁经营者针对承租方提出的招标细节以及需

求，制作投标文件，参加承租方组织的公开招标。承租方对参与投标的汽车租赁经营者的实力、信誉等方面进行综合评价，确定中标者为该企业的汽租赁服务供应商。

3. 签订合同

承租双方就合同具体条款进行协商和谈判，内容主要涉及服务项目、租金价格、服务期限、服务标准等内容，并对双方的权利和义务进行规定和确认。与短期汽车租赁业务不同，长期汽车租赁业务的合同内容是灵活的，可针对不同企业的特点进行修改，按照承租方的需求制定专门的车辆解决方案，每个客户的合同内容之间存在较大差异。在合同细节达成一致后，双方授权代表在合同上签字并加盖双方公章，合同生效。

二、汽车租赁合同签署后业务

1. 车辆采购及整备交付

根据与承租方协商的合同内容，如果承租方要求使用全新车辆，则汽车租赁经营者需根据承租方的要求购置车辆，在办理完毕车辆有关手续后交付承租方使用。若承租方不要求新车，则汽车租赁经营者根据承租方要求整备车辆，配备车上设备，并交付使用。

车辆整备交付后，承租双方代表进行车辆交接，共同检查车辆是否符合承租方要求，确认无误后，双方代表在交车单上签字。至此，车辆使用权移交给承租方。

2. 租后服务

租后服务是长期汽车租赁业务中的一个重要部分，主要由 4 方面组成：

1）常规服务程序

包括车辆维护、年检、救援、保险理赔等。此外，由于长期汽车租赁业务租赁期限较长，一般提供替换车服务。

2）服务质量监控服务

包括车辆服务质量的监控和租赁车辆日常行驶的安全监控，前者包括服务质量培训、行业评比、服务质量考核等项目，后者包括车辆加装安全性监控设备，如安全行车记录仪、卫星定位系统等装置，以及对外聘驾驶员的安全管理及定期安全教育，替换车辆的安全监控等。

3）租金及费用支付

长期汽车租赁业务的租金支付方式与短期汽车租赁业务的租金支付方式有较大差异。短期汽车租赁业务的租金一般不可协商，而长期汽车租赁业务租金的标准、收取方式和周期一般可由承租方与出租方共同协商决定，支付方式也较为灵活多样。租金的标准可共同商定，支付周期可选择月付、季付、年付，付款方式可选择支票支付、现金支付、转账支付等。

4)合同履行结束

租车合同临近期限时,双方可进行合同续签的协商。若同意续签合同,则进行续签合同条款的谈判;若无续签合同意愿,则正常服务直至合同履行结束。合同到期后,双方代表对归还的车辆进行检验,检查无误后进行车辆交接,双方代表签字,合同至此执行完毕。

第三节　汽车租赁常见问题

承租人在租赁车辆不同环节有不同的问题。

1. 预订环节

【问题1】 租车时是否能够用现金作为担保押金?

【解答】 很抱歉,×××租车不接受现金担保。

【问题2】 如何预订租车服务?

【解答】 您可以通过以下几种方式预订:

(1)网络预订:登录WWW.×××.com,按网页提示进行预订。

(2)电话预订:致电×××租车24h客户服务中心×××,由客服人员协助办理。

(3)门店预订:光临×××租车各城市的门店,由门店人员协助办理。预订成功后,您将收到×××租车发送的确认短信。

(4)手机客户端预订:下载×××租车客户端,按首页进行会员登录、预订。

【问题3】 什么是级别订车,和车型订车有什么区别?

【解答】 您在预订时按车辆类别(如手动紧凑型轿车)或不指定具体车型的预订,即为级别预订,在按级别预订的情况下,您将享受一定幅度的价格优惠或专属促销,取车时您的用车将可能是预订级别内的任一款车型。

【问题4】 每次租车的数量有限制吗?

【解答】 有,每位客户每次限租1辆(每位信用卡担保人每次限担保1辆),即在您所租车辆未归还前,不能租用其他车辆。

【问题5】 无法提供已预订的车辆会如何处理?

【解答】 若因特殊原因无法为您提供已成功预订的车型,我们将为您调整或免费升级就近车辆,特殊情况无法履行订单的,我们将至少提前6h告知您,并按您订单的首日日租金标准向您补偿等额费用。

如果您已经成功预付,除退还您预付的租金外,我们还将为您补偿双倍已预付金额或单倍已预付金额的现金。

【问题6】 预订送车上门服务须预先支付费用吗？

【解答】 如需送车上门服务，预订时不需要您预付任何费用。但如果您是节假日用车或您选择的是顺风车、有预付条款的产品，提交订单后，网站或受理人员会提醒您需要预付及预付金额等信息。

【问题7】 预订送车上门或上门取车服务需要提前预订吗？

【解答】 如需送车上门或上门取车服务，建议您提前24h预订；若不能提前24h预订，您可以先预订，随后会有工作人员与您电话联系，确认服务能否提供。

【问题8】 如何确认我的预订是否成功？

【解答】 成功预订后，系统将在3min内自动发送成功预订的确认短信到您的手机。经短信确认的预订即为有效预订。

【问题9】 我预订的车辆能够保留多长时间？

【解答】 我们会从您预订的取车时间起保留半小时的取车时间，如果超过预订取车时间仍未取车，订单将自动取消；如需延时取车，请您在预订取车时间前主动联系我们，我们将为您保留车辆，取车时间将按您原预订的取车时间起算。

【问题 10】 可以更改成功预订的订单吗（订单没有预付）？

【解答】 为保障您顺利修改且不影响其他客户的预订，请您在预计取车时间前 6h 致电 ×××××××××修改；对于更改取车方式（如送车上门）的订单，请您在取车时间前 24h 致电 ×××××××××修改。

【问题 11】 已经预付成功的订单，能否进行修改？

【解答】 距离预订取车时间 6h 以上，涉及取车时间、租期、取车门店、车型的是不能修改的，其他信息（承租人、增值服务、还车门店、还车方式）可以修改，订单修改后，车辆租金价格需要重新计算。

如果订单支付时间距离预订取车时间 6h 内，订单不能修改。

【问题 12】 可以通过网站更改或取消订单吗？

【解答】 目前网站支持订单取消，但是由于系统维护，暂不支持订单修改，请您在预订取车时间前 6h 致电客服中心×××××××××。

【问题 13】 我预订的是普通短租产品，现在想改成周租/月租产品可以吗？

【解答】 很抱歉，订单提交后，产品类型不允许修改，请您取消订单后重新预订。

【问题14】　我提交订单的时间距预订取车时间不足6h,还可以修改订单吗?

【解答】　在门店有剩余车辆或不影响其他客户订单的情况下,我们将尽量为您修改订单,为避免影响您的行程或其他客户的用车,建议您在预订取车时间前6h致电××××××××修改订单。

【问题15】　我想取消订单,应该如何操作?

【解答】　为方便为其他客户及时安排车辆,如需取消订单,请您在取车时间前6h致电××××××××取消订单。

对于节假日、顺风车已经预付的特殊订单,由于车辆稀缺并已经为您保留车辆,我们将退还您基本保险费、手续费、增值服务费等预付部分,预付款中的车辆租金将作为违约金扣除,恕不退还。

【问题16】　租车期限时间有限定吗?

【解答】　有,单次最短租期为1天(24h),不满1天按1天计算;单次最长租期不超过30天(含30天)。

【问题17】　白金卡客户是否还需要进行第一次预授权?

【解答】　是的。

2. 接待环节

【问题1】　服务点的营业时间是什么时段?

【解答】　不同类别的服务点营业时间是不同的。目前,火车站服务点、机场服务点的营业时间是8:00～21:00。其他服务点的营业时间是8:00～20:00。

【问题2】　租车期间,需要中途回门店验车吗?

【解答】　租车期间,不需要专程回门店验车。

【问题3】　租车有里程限制吗?

【解答】　除顺风车有里程限制外,其他短租自驾租车产品均不限里程。

【问题4】　所有的车辆都可以使用国内借记卡支付押金吗?

【解答】　很抱歉,只有标准预授权在5000(含)以下的车型可使用国内借记卡支付押金。

3.合同签订环节

【问题1】　什么是先付?

【解答】　先付是指在取车时支付合同的预计全款。

【问题2】　什么是后付?

【解答】　后付是指在还车时支付合同实际产生的全款。

【问题3】　什么情况下需要先付租金?

【解答】　周租/月租产品以及预计租金达到租车预授权80%的普通产品,均需要您在取车时一次性先付租金。

【问题4】 租期不同，同一车型的预授权的金额会不同吗？

【解答】 同一车型的预售额度都是单倍标准预授权，不存在额度差异；但是如果您的预计租金达到了一定的标准，您需要刷取车押金代替预授权。

4. 车辆交付环节

【问题1】 如何办理取车手续？

【解答】 您办理取车时，主要有以下步骤：

(1)到达门店出示证件。

(2)刷取第一次租车预授权。

(3)在租车单上签字。

(4)车辆检验。

(5)驾驶车辆。

【问题2】 送车上门和上门取车的服务在哪个时间段？

【解答】 送车上门和上门取车的服务时间是08:00～20:00，法定节假日的第一天12:00～次日12:00，以及法定节假日的最后一天12:00～次日12:00，恕不接受预订。

【问题3】 预订送车上门服务且车已送到，但我行程变化了，可以取消用车吗？

【解答】 可以。但由于是您个人原因无法履约，您需要支付送车上门费用。为节省您的时间和费用，请尽量在预订取车时间前6h致电×××××××××取消订单。

【问题4】 去取车后，订单可以修改的范围是什么？

【解答】 如需变更还车门店，请您在预订还车时间前6h致电×××××××××。如需更改还车方式或涉及还车方式的订单修改，请您在预订还车时间前24h致电×××××××××。

5.车辆收回环节

【问题1】 如提前还车，预付或先付的租金退还吗？

【解答】 对于普通短租产品，若您在实际还车前提前6h通知我们，我们将按照实际租期为您结算，多退少补。周租/月租产品等由于是特价产品，提前还车将按您的预订租期结算。

6.紧急意外情况处理

若遇到交通事故、车辆故障、车辆被扣、车辆被盗等紧急意外情况，客户一般比较着急，业务人员应尽可能简洁、明了地告诉客户解决问题的步骤，用平和的语气安抚客户不安和焦躁的情绪。

【问题1】 发生两车相撞交通事故如何处理?

【解答】 两车相撞后首先将车熄火,然后在过往车辆不会撞到自己的情况下下车,并将警示牌放到来车方向、距离事故车100m以上;其次记下对方车辆车牌号和车型。其后的处理按以下步骤进行:

(1)报警拨打122或110,向接警人员说明交通事故发生时间、地点、人员和车辆情况,包括姓名、电话、车牌号等,等待交警到现场勘查并出具事故责任认定书。如有人员伤亡,同时拨打120电话或请接警人员安排医护急救。

(2)报险按照随车服务手册提供的电话号码,向汽车租赁企业的救援部门报告交通事故情况并安排救援。同时向保险公司报险,安排定损、理赔。

(3)定责如实向交警介绍事故情况,事故双方在交通事故责任认定书上签字并妥善保存责任认定书。如果是追尾或其他责任明确、没有人员伤亡的、损失少于2000元的事故,可援用交通事故快速处理程序,不必交警定责,双方填写《机动车交通事故快速处理协议书》并签字后,直接进入定损程序。

(4)定损汽车租赁企业人员应到场协助保险公司定损,或将事故车辆开到指定定损点定损,客户或汽车租赁企业应妥善保管定损单。

(5)车辆维修客户或汽车租赁企业将车辆送至指定维修点,修理车辆。

(6)租金结算客户需要到租车的门店办理还车、租金结算手续并终止租车合同。

(7)修理费等预授权保险理赔前,如果客户为全责或主责,需要垫付车辆维修等费用,在办理租金结算的同时,按定损核对的车辆维修等费用金额对客户信用卡预授权。

(8)费用垫付维修完成后,从信用卡冻结额度内向修理厂支付维修费用。其他应由客户承担的赔偿,也以这种方式支付。

(9)保险理赔汽车租赁企业将交通事故责任认定书、定损单、维修费发票、其他理赔范围的票据交给保险公司,保险公司向汽车租赁企业支付赔偿。汽车租赁企业收到上述赔偿后返还给客户。

发生撞栏杆、公路墩等单方责任交通事故时,可拍摄事故现场,将车开到指定地点定损,然后按上述程序处理。

【问题 2】 车辆被盗如何处理?

【解答】 (1)报警拨打 110 报警,说明车辆丢失地点、车牌号、车型、发现丢车的时间。

(2)报险按照随车服务手册电话号码,通知汽车租赁企业和保险公司。

(3)立案到丢车所属地区的派出所登记具体丢车情况,办理车辆盗窃案件立案手续。

(4)租金结算到租车门店办理还车手续,结算租车费用。

(5)丢车损失费预授权车辆盗窃险仅赔付车辆现值的80%,其余20%需要客户承担,在租金结算的同时,预授权相应额度的由客户赔偿。

(6)赔付在报案3个月后,如车辆未找回,保险公司将支付盗窃险赔偿金,同时,汽车租赁企业从冻结的客户信用卡中划拨客户赔偿费用。

第六章　汽车租赁信息技术应用

进入21世纪以来,信息技术获得了日新月异的发展,其普及应用对于经济、社会、政治、文化等领域均产生了广泛深入的影响。信息化建设水平的高低,已经成为衡量一个企业创新能力和综合竞争力,衡量一个行业现代化程度的重要标志。在汽车租赁业的发展过程中,以电子商务和物联网为代表的信息技术的广泛应用,为汽车租赁业的发展注入了强大的驱动力。

第一节　汽车租赁电子商务技术

电子商务是在全球各地广泛的商业贸易活动中,在互联网开放的网络环境下,交易双方利用计算机技术、网络技术和远程通信技术进行各种商贸活动,实现消费者的网上购物、商户之间的网上交易和在线电子支付以及各种商务活动、交易活动、金融活动和相关综合服务活动的一种新型商业运行模式,实现了整个商务(买卖)过程中的电子化、数字化和网络化。

汽车租赁电子商务的交易对象是汽车租赁服务，交易者是汽车租赁经营者和承租人，也有第三方通过建立信息交易平台开展汽车租赁企业与承租人之间的中介服务业务。汽车租赁具有可以预订、服务产品易于展示、交易过程手续简单等适合开展电子商务的特性。通过互联网与银行结算系统、公众信用数据系统的连接，汽车租赁电子商务可以实现网上租车费用结算和信用审核，改变烦琐、复杂的汽车租赁业务模式。汽车租赁电子商务为汽车租赁与关联业务（如航空、旅游、宾馆）的融合提供了技术条件。汽车租赁与电子商务这些契合关系，使汽车租赁业成为最早利用电子商务技术开展业务的行业之一。

一、汽车租赁电子商务工作原理

汽车租赁电子商务技术构架主要包括汽车租赁数据中心、汽车租赁客户系统、汽车租赁站点系统、互联网四大部分，见图 6-1。

1. 数据中心

数据中心是由防火墙、路由器、服务器及各种系统软件构成的大型计算机系统，主要有以下 3 个功能：一是储存和处理租赁车辆、租赁客户、租赁合同内容等基础数据和动态数据;运行各种管理程序,计算和分析经营数据;二是接受客户系统的查询和预订,并对已储存的信息处理后与客户确定最终预订;三是将最终预订信息传输给汽车租赁站点,并在租赁站点与客户签订租赁合同后记录该合同的动态信息,为汽车租赁经营者提供各种经营数据分析和查询。上述过程通过连接汽车租赁中心、汽车租赁客户系统、汽车租赁站点系统的通信网络进行,因此汽车租赁电子商务能够满足汽车租赁网络化的需求,并提高汽车租赁经营管理水平。

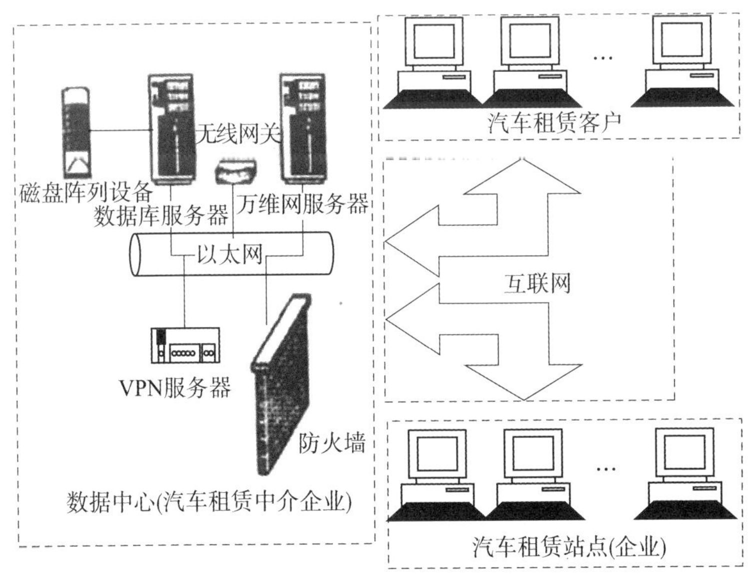

图6-1　汽车租赁电子商务工作基本原理

2. 客户系统

汽车租赁客户系统就是任何一台与互联网相连的终端如计算机、信息服务亭等，客户通过该终端访问汽车租赁门户网站，即可进入客户与汽车租赁企业互动的界面，获得汽车租赁信息并进行汽车租赁预订。

3. 站点系统

汽车租赁站点系统是汽车租赁营业门店业务人员使用的互联网终端，一般使用专线拨号方式和密码登录汽车租赁业务程序，通汽车租赁程序处理汽车租赁业务并与数据中心进行数据交流。

二、汽车租赁电子商务技术应用

作为加强汽车租赁企业内部经营管理、提高服务水平的重要手段，汽车租赁预订中心和电子支付手段在汽车租赁企业得到广泛的应用。

1. 预订中心

汽车租赁预订中心作为汽车租赁企业业务运营的核心，通常包括以下 4 个方面的功能：

1）服务信息查询

为方便客户快捷地寻找到符合需求的汽车租赁门店，汽车租赁预订中心提供各种方式（网站、电话等）的汽车租赁门店查询服务。公众也可以通过网站等查询企业提供的租赁汽车车型、车辆照片、载客量、排量、油箱容量、外观颜色、租金价格、优惠活动等信息。

2)预订服务

预订可以让汽车租赁企业及时、合理调配租赁车辆,提高租赁率。所以,汽车租赁企业通常提供价格优惠、简化手续等措施,鼓励客户预订汽车租赁企业通过设置汽车租赁预订中心,利用网站、电话、短信平台等多种方式提供汽车租赁预订服务。预订通常包括4个步骤:①订制行程;②选择车型;③提交订单;④订单确认。客户在接到汽车租赁企业的订单确认后,可以通过网上支付系统进行交纳送车订金和授权、结算等租金支付操作。通过预订服务与电子支付的结合,汽车租赁企业可以实现“虚拟门店”经营,即客户通过汽车租赁电子商务,在互联网上选择租赁车辆,支付租赁费用,在指定地点交接租赁车辆,无须前往门店即可完成租车全过程。

安特普利斯汽车租赁公司的呼叫服务中心见图6-2,该公司在全美国共设有3个呼叫中心,图中所示为规模最大的一个呼叫服务中心,共有1000多名员工,能够处理来自世界各地的预订服务。

图 6-2　安特普利斯汽车租赁公司的呼叫服务中心

专栏 6-1　神州租车北京火车站门店的调度管理

在机场、火车站争取场地并开设门店,向来都是汽车租赁公司的主要发展战略。然而对于毗邻长安街的北京火车站来说,要在其周边争取到足够的门店与停车区域并非易事。停车区域的大小,直接影响到门店待租车辆数量和可供选择的车型类别,影响到门店的销售业绩。神州租车公司对北京火车站的汽车租赁业务采用"预订 + 实时调车"的运作方式,在一家同时紧邻北京火车站和地铁 2 号线的停车场租用 3 个停车位作为北京火车站提车点,通过"网上自驾预订每单立减 20 元"等多种促销方式,引导客户选择预订服务。客户完成租车预订后在公司后台管理系统的统一调度下，神州租车公司从位于北京通州区的停车场调配相应车辆，在客户到达北京火车站之前送至北京火车站提车点。客户签订合同并将车开走后，再进行下一次车辆的补充。如此周而复始，充分利用有限的停车区域，保障了高效的客户服务。

3）业务管理

汽车租赁企业的业务管理系统，通常包括以下6个模块：

①租车、还车业务管理。包括合同建立、结算以及合同执行过程中各种变动（如合同延续等）的信息更新。基于网络的租车、还车业务管理系统，通过租车信息、合同信息和结算信息的网上交换，可为客户提供异地还车服务。异地还车业务信息流程示意图见图6-3。

②租赁车辆管理。包括租赁车辆基本信息的建立与维护，车辆状态信息记录、检修安排以及车辆调度管理等。

③交通违法行为信息管理。对车辆租赁期间发生的交通违法行为信息的记录与维护。

④车辆安全监控管理。基于车载卫星定位设备回传的信息对车辆的行驶轨迹、位置等进行监测，并在异常情

况下报警。

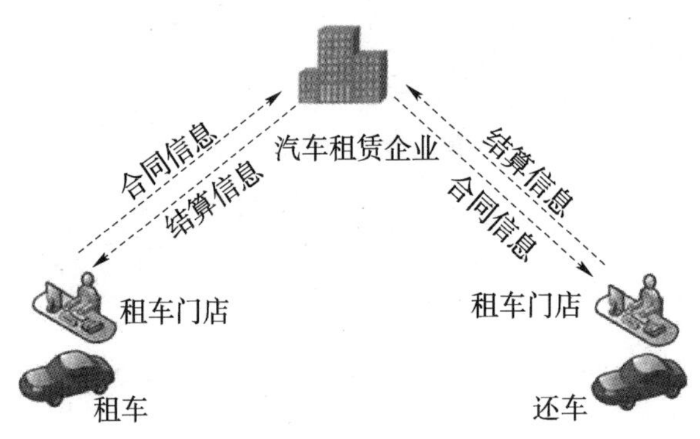

图 6-3　异地还车业务信息流程示意图

⑤门店管理。主要包括汽车租赁门店(含提车点)信息的采集、维护和管理。

⑥客户管理。主要包括客户的基本信息、信用信息、车型爱好等。

4)决策支持

汽车租赁预订中心积累了大量的信息,包括客户信息、租车业务单认证信息、各种事件信息、合作伙伴信息等。汽车租赁企业可以根据积累的信息资源进行各种数据挖掘和分析,为汽车租赁服务产品的开发、价格的制定与调整、市场宣传、车辆的购买和配置和租赁网点布局的拓展等提供决策支持。

专栏6-2　国外汽车租赁公司的营销策略

国外大型汽车租赁公司借助其强大的数据处理和分析系统,在充分分析客户的车型爱好、用车习惯的基础上,对其租赁汽车进行了品类划分。客户在租车时,不是按照品牌选择车辆,而是首先决定租用的车型,如普通轿车(Car)、多功能运动型轿车(SUV),还是其他类别的车型(汽车租赁公司有些网店就提供豪华车或者绿色环保车等特殊车型)。某个汽车租赁公司将其普通轿车分为以下5个类别:

①经济型(Economy),2门,排量1.3L;

②紧凑型(Compact),4门或2门,排量1.6L;

③中型车(Mid－Size),4门或2门,排量2.0L;

④大型车(Full－Size),4门或2门,排量2.8L;

⑤高档车(premium),4门排量3.0L以上。

客户在租车时,首先选择其中的一种类别,再根据个人喜好设定其他的条件,如手动挡还是自动挡、是否需要导航系统等,这些条件均可通过预订系统进行“菜单式”设定,十分方便。预订系统根据客户设定的条件给出相应的租金价格。交车时,租车门店只需提供满足客户要求的车型即可,从而节约了停车场面积,减轻了后台调度的压力。

2. 电子支付

电子支付是指从事电子商务交易的当事人,包括消费者厂商和金融机构,通过信息网络,使用安全的信息传输手段,采用数字化方式进行的货币支付或资金流转。

汽车租赁企业常用的电子支付,主要有网上支付、电话支付、移动支付和刷卡支付等多种电子支付方式。一些以短期汽车租赁业务为主的大型汽车租赁企业,已经全面实现租车费用的电子支付。

与传统的支付方式相比,电子支付能够为客户节省时间,提供便利,通过电子支付,汽车租赁企业在资金管理上可以做到收支两条线,减少汽车租赁门店财务人员的配置,实现财务工作的集中管理,汽车租赁企业总部对各门店的管理手段得以强化,对各门店资金可以做到有效管理,避免资产的流失和浪费,有助于规模化汽车租赁企业的资金风险控制。

第二节　汽车租赁物联网技术

一、汽车租赁物联网、车联网技术概念

物联网(Internet of Things,简称 IOT)是一个基于互联网、传统电信网等信息承载体,让所有能够被独立寻址

的普通物理对象实现互联互通的网络。物联网一般为无线网，由于每个人周围的设备可以达到1000～5000个，所以物联网可能要包含500兆至1000兆个物体，在物联网上，每个人都可以应用电子标签将真实的物体上网连接，在物联网上都可以查找出它们的具体位置。通过物联网可以用中心计算机对机器、设备、人员进行集中管理、控制，也可以对家庭设备、汽车进行遥控，以及搜寻位置、防止物品被盗等各种应用。

车联网（Internet of Vehicle，简称IOV）是指车与车、车与路、车与人、车与传感设备等交互，实现车辆与公众网络通信的动态移动通信系统。它可以通过车与车、车与人、车与路互联互通实现信息共享，收集车辆、道路和环境的信息，并在信息网络平台上对多源采集的信息进行加工、计算、共享和安全发布，根据不同的功能需求对车辆进行有效的引导与监管，以及提供专业的多媒体与移动互联网应用服务。

1. 省时

通过物联网的应用，可以实现不少控制系统之间的信息传递与共享，可以管理的公用信息以及提供给驾驶人员的信息大幅度增加，能增加电动汽车各项控制系统的可靠性、稳定性及安全性等。可以查询单一或多个车辆当前位置，回放某一段时间内的车辆运行轨迹，远程显示车辆的车速、里程、水温跟功率等实时数据；每一辆车的资料和业务信息清晰易懂，并能进行批量处理。模组化系统设计可根据用户要求增减，更贴近运营管理需求。更方便的是不同人员在不同时间、不同地点可协同办理业务。

2. 省力

由于电动汽车充电时间较长，电池数量相对较多，又不像燃油汽车行驶的里程远。因此会出现充电麻烦，电池剩余容量不一，电压、电流是否稳定，增加续驶里程及电动汽车行驶情况等问题，为了及时掌握电动汽车的运行情况，就必须增加物联网。在现有网络架构基础上，建立物联网基础管理平台和感知数据库，做好统一标识规划，并实现和其他管理系统的协调。为此在汽车租赁领域，采用物联网技术可减少人力的输出和人员配备。

3. 带来更多客户

汽车租赁，主要面对的客户大多是白领与企业，在这些客户中，他们对新兴事物有着浓厚的兴趣与强烈的尝试渴望。采用物联网刚好可以满足客户的需求。也正因我们做的与传统租赁公司的不同，给客户带来一个全新的体验，进而可以吸引更多的客户前来体验租车，从而带来经济效益。

4. 熟知客户动态

通过长期租借汽车，物联网可以记录下客户的行进轨迹与活动范围，这样我们可以省去人员调查便可知道客户相关信息，从而可以提升我们后续程序完善与客户发展。

5. 车辆保障

采用物联网，在车辆日常巡检、周巡检、事故处理上都可以省时省力并且高效，在租借过程中，可以尽早发现车辆问题，减少因车辆问题造成的经济损失。

综上所述，从长远、发展的眼光看采用物联网与车联网应用在汽车租赁上经济效益定会逐步增高。

二、汽车租赁物联网技术应用

当前，在汽车租赁业应用的物联网技术，主要有卫星定位技术、无线射频识别（RFID）技术和图像识别技术等。

1. 卫星定位技术

卫星定位技术主要用于租赁期间的车辆跟踪。汽车租赁企业在租赁汽车内安装卫星定位设备，便于实时掌握车辆位置所在，提高应急救援和安全防范能力。

2. 无线射频识别技术

无线射频识别（简称 RFID，俗称电子标签）技术作为一种全新的自动识别技术，具有信息容量大、防伪性强、可重复使用等优点，呈现出逐渐取代条形码技术的趋势。国外大型汽车租赁企业通常将射频识别技术用于客户管理，如在汽车共享租车中，客户凭会员卡可打开车辆门锁，车内的计时系统通过会员卡接收客户信息，客户将车归还到指定地点刷卡锁车后，计时系统识别会员身份后自动根据租车时间结算租车费用。吉普卡汽车租赁公司安装在共享租赁汽车内的射频识别装置见图 6-4。

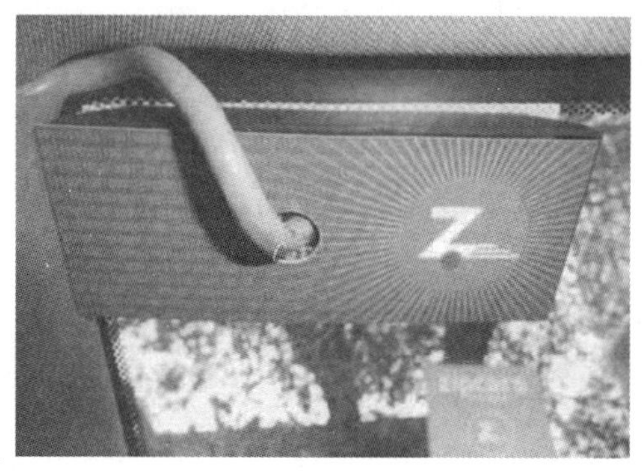

图 6-4　安装在共享租赁汽车内的射频识别装置

在汽车租赁机场门店等停车区域较大的网点，汽车租赁企业还可利用租赁汽车的射频识别，主动引导承租人停放车辆，进行规范的停车管理。

3. 图像识别技术

图像识别主要是采用数学技术方法，对一个系统前端获取的图像按照特定目的进行相应的处理、分析和对比等。国外大型汽车租赁企业通过载车辆交接区域装有“360°汽车全景摄像”装置，用于租车、还车过程中的车况记录和对比，能有效避免汽车租赁企业与承租人之间出现不必要的纠纷。

第三节 汽车租赁业务管理软件

汽车租赁企业的业务管理系统软件，通常包括以下7个模块：

(1)租车、还车业务管理。包括合同建立、结算以及合同执行过程中各种变动(如合同延续等)的信息更新。基于网络的租车、还车业务管理系统，通过租车信息、合同信息和结算信息的网上交换，可为客户提供异地还车服务。

(2)租赁车辆管理。包括租赁车辆基本信息的建立与维护，车辆状态信息记录、检修安排以及车辆调度管理等。

(3)交通违法行为信息管理。对车辆租赁期间发生的交通违法行为信息的记录与维护。

(4)车辆安全监控管理。基于车载卫星定位设备回传的信息对车辆的行驶轨迹、位置等进行监测,并在异常情况下报警。

(5)门店管理。主要包括汽车租赁门店(含提车点)信息的采集、维护和管理。

(6)客户管理。主要包括客户的基本信息、信用信息、车型爱好等。

(7)风险管理。风险管理是指汽车租赁企业防范租金拖欠、逃废,防止车辆被盗、被骗风险的工作,其主要内容如下:

①确保租赁资格审核的可靠性。

②与收费人员沟通,及时掌握租金缴纳异常情况。

③掌握识别过期、伪造、修改等不合法证件的方法。

④核查承租人所留电话是否属实。

⑤通过互联网、电话等,核实企业、个人的工商注册、身份证信息是否属实。

⑥通过其他途径核实承租人情况。

参考文献

[1] 交通运输部道路运输司. 汽车租赁概论[M]. 北京:人民交通出版社. 2012

[2] 张一兵. 汽车租赁[M]. 北京:人民交通出版社. 2009

[3] 张一兵. 汽车租赁业务与管理[M]. 北京:机械工业出版社. 2015